保险这样买就对了

INSURANCE

方汝立 著

化学工业出版社

·北京·

内 容 简 介

本书从实际中常见的保险问题出发，为读者提供解决保险问题的答案，让读者避开买保险过程中的麻烦。

这本书在解决投保常见问题的基础上，还提供了配套的保险方案设计思路，读完这本书，买保险将会变成一件很轻松的事情，读者不必再担心有哪些地方没搞明白、理赔的时候被拒赔，还可以根据书中的内容与产品进行比对，不会买到不实用的保险产品。

本书对想买保险的个人/家庭，想学习保险知识的代理人，想进入保险行业的人，都能提供帮助。

图书在版编目（CIP）数据

保险这样买就对了／方汝立著 . —北京：化学工业出版社，2022.2
ISBN 978-7-122-40437-4

Ⅰ.①保… Ⅱ.①方… Ⅲ.①人寿保险–基本知识 Ⅳ.① F840.622

中国版本图书馆 CIP 数据核字（2021）第 264268 号

责任编辑：罗　琨　　　　　　　　文字编辑：王春峰　陈小滔
责任校对：王佳伟　　　　　　　　装帧设计：韩　飞

出版发行：化学工业出版社（北京市东城区青年湖南街13号　邮政编码100011）
印　　装：三河市双峰印刷装订有限公司
710mm×1000mm　1/16　印张17　字数234千字　2022年11月北京第1版第1次印刷

购书咨询：010-64518888　　　　　　售后服务：010-64518899
网　　址：http://www.cip.com.cn

凡购买本书，如有缺损质量问题，本社销售中心负责调换。

定　　价：59.80元　　　　　　　　　　　　　　　　　版权所有　违者必究

前言

从业这些年以来,我也算是亲历了互联网保险的发展。最开始的时候,只有很少的保险从业人在互联网上开展业务,那时候写一篇文章发出去,很轻松就能排在网站首页。很多人都以我的文章为参考,自行去保险公司买相应的产品。

到现在,越来越多的人希望从互联网保险中分一杯羹,也越来越多的客户把互联网当作了解保险的渠道,可谓是发展神速。

在 2016 年的时候,当时的保监会(中国保险监督管理委员会)取消了保险销售人员从业资格考试,人们只需要在保险公司登记自己的信息,就可以获得保险从业资格。这无疑极快地增加了保险行业的从业人员数量,可是降低的门槛也使得从业人员的素质更加参差不齐。

对于客户和刚入行的从业人员,其实他们担心的也正是这一点。不论保险行业是不是很简单易懂,只要跨行业,就会产生信息不对称,作为一个非业内人员,他们很难辨别保险行业信息的真伪。

于是他们就会遇到各种各样的情况:

我听亲戚给我介绍了一个什么保险,但是不给我看保险条款;

我去银行存钱,里面有人告诉我存在××保险公司,存几年就可以高息拿回来;

我买了一个保险,可是最后我出事了保险公司却不赔偿我;

……

这些情况，都在影响我们对保险的认知，也让我们产生很多的相关问题：

他推荐给我的产品，真的跟他说的一样吗？

我买了这个保险，就什么都能赔了吗？

公司培训给我的东西，真的是正确的吗？

不仅仅是客户，很多入行不久的保险从业人员也有着很多的疑问。

随着互联网保险的百花齐放，自媒体平台也越来越多，在这些平台上搜索信息都面临着一个问题：需要甄别信息。

提一个很简单的问题："保险公司倒闭了怎么办？"你能在互联网上搜到上百份回答，并且还不重样，我们怎么去判断谁对谁错，怎么知道他们的利益是否相关呢？

一个互联网保险的自媒体，通常在内容输出上不会太系统，总是写着写着就建议我们去联系他们的客服，购买他们打折的1对1服务，或者对一个东西只说概念，而没有真正解决我们的问题，这些都会让人感到迷茫。

我们通常相信，"屁股决定脑袋"，这个人所处的位置往往会决定他的言论。只要涉及这个人的利益，我们就很难相信这个人能做到绝对的客观与公正。

后来，我开始写这本书，我明白，这是一个机会，可以把我这几年来，作为一个一线保险行业从业者的工作经验进行传递，也可以让更多的人更轻松地买到适合自己的保险。

因此，我将撰写本书的目的定义为：解答一个普通人会遇到的保险问题。

我希望能用本书的内容，帮老百姓解决生活中会碰到的保险疑问。

随着人们越来越关注保险，也就有越来越多的人想了解保险的相关资讯。

有的问题可能是老生常谈的，有的问题可能是个人独有的。本书都将尽可能地对这些问题做一些解释。

本书主要包含下图所示的内容。

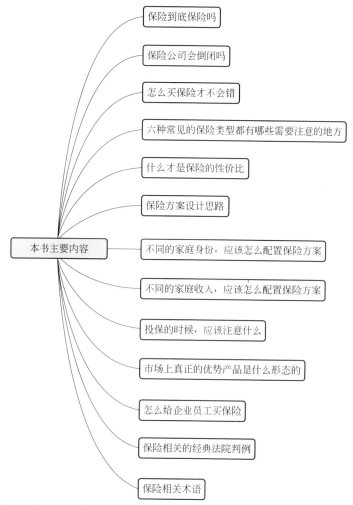

希望拿起这本书的你，能从中找到你想要的答案。

也希望有了保险保障的你，可以轻松生活，只需要享受生活的快意与美好，而不用在风险面前因为金钱而难以抉择。

本书案例丰富，实用性强，可供想给孩子配置保险的父母、计划给伴侣或自己配置保险的人、希望了解保险相关情况的金融行业人员、需要给企业员工寻找合适保险的薪酬福利主管、保险专业的学生、刚进入保险行业需要学习的新人，以及其他对保险感兴趣的各类人员学习参考。

导读

写在前面的话

在生活中，充斥着各种各样的焦虑。

健身教练说，你体脂太高了，需要减肥，要少吃，要饮食清淡；

外卖行业说，你加班太多了，这么忙，还是多点些外卖；

房地产行业说，你租房这么辛苦，一定要有一套自己的房子；

教育行业说，你不能让自己的孩子输在起跑线上。

类似的情况还有太多太多。

一百种行业，就有一百种焦虑。部分人认为如果想要过得好，那就需要在辛勤工作的同时，还能挤出时间给自己做饭，挤出时间运动，同时要做到早睡早起，擦抗老的眼霜，努力买大房子，给孩子报补习班……

累不累？当然很累，我们对于这些焦虑都快产生焦虑疲劳了。

可保险，还在告诉你，你随时随地处于未知的风险中，你要未雨绸缪，要想到你自己的未来、你家人的未来、你孩子的未来。

所以，很多人抗拒保险，其实可以理解。

我肥胖，办一张健身卡，去锻炼一段时间，就能看到效果；

孩子学习不好，花几万块钱去报个补习班，孩子每天都能在补习班里学到新的东西。

这些，我们都能看见，并且当下就能产生效益。

而保险，却是现在的我们去为不确定的未来买单。

我现在很健康，可我担心二十年以后我可能会得一些严重的疾病，所以我要现在就掏钱，去为未来买单，这本身就不符合我们日常的消费理念。

更何况，现实社会中，总能看到有的保险公司以各种各样的理由不理赔，那我怎么能知道，以后我出事了能不能拿到我的赔偿金呢？

虽然总是有推销人员在商场对你唠叨"游泳健身了解一下"，很烦，但我们的内心都知道，健身是对身体有益的，如果被骗了，骗人的可能是健身房，可能是教练，但是健身这件事没有错。

那么，保险也是这样，如果买保险上当，骗人的是人，而并不是保险本身。

现在，有的人已经开始面对焦虑，他们开始认真地思考，自己需要什么保障。可是因为跨行业带来的信息不对称，他们有很多保险相关的问题，却难以找到一个系统且全面的解释。那么在开篇，我将为你解答以下几个问题。

● 保险为什么"这也不赔，那也不赔"？
● 市场上的保险是什么？
● 我们有必要买保险吗？
● 买保险需要注意什么？

（1）保险为什么"这也不赔，那也不赔"

其实我国保险行业的理赔率挺高的，达到了97%以上，这在国际上都算是不错的水平了。

可为什么还是经常听到有的人拿不到理赔金？一是因为好事不出门，坏事传千里；二是因为部分从业人员，把原本复杂的保险，简化成了只有交钱、理赔两个步骤。

其实保险是一个很复杂的商品。

首先，保障责任很多，比如重疾险，动辄就是几十甚至上百种重大疾病，还会包含轻症/中症/身故/豁免等责任，对于投保人而言，哪些是保险会保障的，哪些是不会保障的，都需要有一个简单的了解。如果对保险本身没有一个细致的了解，就会对这个产品的保险责任产生误解。

其次，保险通常会有一些限制，这个主要是为了防止有道德风险、重大灾害以及逆选择的情况发生，这样可以降低我们的保障成本。不然的话，健康的人就要分担健康状况不佳的人的保费了。

打个比方，大家要买100元保额的保险。其中，小丽投保的时候身体健康，什么体检异常都没有，假设这种情况下小丽的保障成本是10元；而小明之前生过不少病，并且查出来有肺部磨玻璃结节，虽然只有很小的概率在未来发展成肺癌，但小明的保障成本就可能是50元。如果不进行限制，小丽和小明一起投保一个产品，则保障成本是60元，那么小丽需要承担的保障成本，就变成了30元。

相信很多人是难以接受分担超过自身风险范围的保费的，所以对健康状况不佳和有既往病史的人，保险会做出一定的限制。如果说这个产品的保障成本就是10元，那么保障成本需要50元的人，就买不了这个保险。

有些人投保时没有如实告知自身的健康情况，在错误的信息下保险公司承保了，等到理赔的时候保险公司查出来他没有如实告知，最后就拒赔了。这是保险拒赔的主要原因之一。

(2) 市场上的保险是什么

说完了第一点，其实就引申出来了第二点内容，那就是保险到底是什么。

保险除了"保障"这个内核以外，它还有另一个内核，就是合同。

保险公司推出一个新产品，就相当于推出一个制式合同，客户看了合同的内容以后，自己决定接受或者不接受。

《民法典》第四百六十五条规定："依法成立的合同，受法律保护。""依法成立的合同，仅对当事人具有法律约束力，但是法律另有规定的除外。"

也就是说，保险公司推出一个合同以后，这个合同是具有法律约束力的，那么我们只需要在投保前确认这个合同的内容是否是我们需要的即可，在没有违反相关法规的情况下，我们不需要担心后面会被保险公司单方面毁约。

《民法典》第四百六十九条提到："当事人订立合同，可以采用书面形式、口头形式或者其他形式。"

保险合同，就是很明显的书面形式。

《民法典》第四百六十九条规定："书面形式是合同书、信件、电报、电传、传真等可以有形地表现所载内容的形式。""以电子数据交换、电子邮件等方式能够有形地表现所载内容，并可以随时调取查用的数据电文，视为书面形式。"

也就是说，保险条款、纸质合同、电子合同、电子批单等内容具有同等效力。

还有一个法条，被保险人也应知道。

《中华人民共和国保险法》（以下简称《保险法》）第三十条规定："对合同条款有两种以上解释的，人民法院或者仲裁机构应当作出有利于被保险人和受益人的解释。"

也就是说，如果保险公司写的条款内容模糊不清，可以有多种解释，那么都按照对被保险人和受益人有利的解释来理解。

在这一点里面，我们明确了几个内容：

1）保险合同受法律保护，无法随意变更；

2）纸质合同、电子合同、电子批单等具有同等效力，不会因为我们投保方式的改变而失效；

3）合同条款有两种及以上解释的，按照对客户有利的方向来解释。

所以买保险的时候一定要注意看合同。对于保险相关的内容，都要自己看一遍，确认和业务员描述的一致以后，再去投保，那么就不会有太多的问题了。

有人可能会想，保险有这么多弯弯绕绕，我们"买家"怎么玩得过你们"卖家"？

这里就小小地提示一下，买保险，一定要看合同里面的"保险责任""除外责任"这两项，要仔细看，如果还有不明白的地方，可以在本书里找一找，也许有你想要的答案。

（3）我们有必要买保险吗

解决了合同的问题，就自然地延伸到了下一个问题：我们有必要买保险吗？

面对这种问题，我一般会问客户两个问题。

第一个问题：你为什么想买保险？

客户给出的答案五花八门，但是最核心的，往往是这几条：

身边的人生病了；

看到了猝死等事情的新闻；

感觉环境越来越差了；

体检检查出很多身体异常；

生宝宝了。

大家往往是因为一些外来事情的刺激，或者是自己的状况发生了改变，才会产生买保险的念头。

现在就到了第二个问题：你买保险是为了解决什么？

前面提到了，会产生买保险的念头，一般都是身边发生了一些事情。

这个时候你可以想一想，这些事情为什么会刺激到你？

可能是因为平时太懒，缺乏运动，感觉自己身体不太好；

可能是因为总吃外卖，高油高盐，感觉影响了自己的健康；

可能是因为看到别人就医的高额花费，而自己还在用六位数的密码保护五位数的存款；

可能是因为看到有人突然离世，留下的老婆孩子无依无靠，生活水平急转直下。

在平时的生活中，一旦谈到健康、未来，可能很多人都会感到担忧，但是有很多风险，是可以通过保险来转移的。把不确定的、让我们担忧的事情，变成确定的、发生了能有保障的事情，就是我们买保险的目的。

（4）买保险需要注意什么

买保险，其实也可以参考木桶原理，如果只专注于某一项保障或者某一个人，那么就像木桶一样，一旦出现了一个短板，在水来的时候，就可能无法得到应有的保障。

1）保障的人要全

很多人在买保险的时候，往往都会有侧重。比如想给孩子买或者给老公买，却觉得自己没事，不需要给自己买。

但是风险真的到来的时候，是不能确定发生在谁身上的。

从业以来，我听说过很多的案例，有的是因为老公不同意，所以没给老公买保险，结果老公意外摔伤导致骨折；

有的是给自己买了保险，没给父母买，结果母亲出了事故，花费了大量金钱去医治；

有的是给孩子买了保险，没给大人买，结果大人去世了，孩子连后期的保费都没办法继续交。

类似情况还有很多。如果保障的人不全，就相当于给风险留下了短板。

2）保障的内容要全

很多人在买保险的时候，都喜欢买重疾险。

大部分人对于保险的想象和理解还停留在重疾险保险责任的层面。

但是单纯的重疾险不能覆盖我们需要的所有保障。

像新冠肺炎、流感这些疾病，就属于可能花费很高，但是不属于重大疾病保障范畴的疾病，那么就需要医疗险来进行保障。

但是医疗险，又不能保障我们残障和重疾后需要的生活费用。

另外，人购买保险除了保障自己之外，还希望能够保障自己的家人。

所以说，保险不能只买其中一种，而是应该多方位地去配置，找到我们不同的需求点，然后用不同类型的产品来作为我们的保障。

目录

第 1 章　如何用保险保障自己的一生　/ 001

1.1　保险公司会倒闭吗　/ 003
1.1.1　偿二代　/ 004
1.1.2　保险公司破产了　/ 006

1.2　这样买保险，怎么样都不会错　/ 010
1.2.1　考虑什么时候会需要这一笔保障金　/ 011
1.2.2　怎么解决这个风险　/ 012
1.2.3　买保险怎么买　/ 013

1.3　保险要从孩子买起吗　/ 015
1.3.1　父母对孩子的爱　/ 015
1.3.2　父母对孩子的责任　/ 016
1.3.3　给孩子买保险的优点　/ 017
1.3.4　出险率和疾病发生率　/ 018
1.3.5　孩子真正的保障　/ 020
1.3.6　父母之爱子，则为之计长远　/ 022

第 2 章　保险经纪人教你避坑　/ 023

2.1　寿险　/ 026
2.1.1　一个家庭，到底谁应该买寿险　/ 026
2.1.2　寿险应该保多久　/ 028
2.1.3　寿险的三条免责　/ 028
2.1.4　寿险的条款，有哪些不得不注意的地方　/ 030

2.2 重疾险 / 032
2.2.1 最初的重疾险 / 032
2.2.2 现在的重疾险 / 033
2.2.3 病种越多越好吗 / 034
2.2.4 等待期内出现症状,如何决定你能不能获得理赔 / 035
2.2.5 重疾险真的是确诊就赔吗 / 037
2.2.6 重疾险的条款,有哪些不得不注意的关键 / 039

2.3 意外险 / 041
2.3.1 意外险最重要的是什么 / 042
2.3.2 电销意外险,想说爱你不容易 / 044
2.3.3 意外险的条款,有哪些不得不注意的关键 / 046

2.4 医疗险 / 048
2.4.1 过去的医疗险 / 048
2.4.2 现在的医疗险 / 050
2.4.3 医疗险的"保证续保",都是骗人的 / 052
2.4.4 合理且必需 / 054
2.4.5 住院医疗险为什么可以报销门诊费用 / 055
2.4.6 医疗险条款还有哪些必须注意的关键 / 056

2.5 年金险 / 059
2.5.1 过去的年金险 / 059
2.5.2 现在的年金险 / 061
2.5.3 你一定不会知道,你买的年金取钱限制这么高 / 064
2.5.4 年金险五十年翻五倍,你却不知道你亏大了 / 065
2.5.5 年金险的条款有哪些必须注意的关键 / 067

2.6 旅行险 / 069
2.6.1 现在的旅行险是什么样的 / 069
2.6.2 投保旅行险的时间,最好是出发的前一天或之前 / 073
2.6.3 境外旅行险过了保障期,居然还能理赔 / 074
2.6.4 滑雪、潜水这些情况,为什么不能买旅行险 / 074
2.6.5 旅行险的条款,有什么不得不注意的关键 / 075

第3章 什么才是保险的性价比 / 077
3.1 越便宜的产品越好吗 / 079
3.2 责任小差异,保障大问题 / 083

3.3 如何正确地分析产品 / 085
3.3.1 先看产品类型 / 085
3.3.2 看保障责任 / 086
3.3.3 看保费 / 087
3.3.4 演练 / 087

第 4 章 保险方案设计思路 / 091

4.1 寿险，就是保险的爱与责任 / 093
4.2 重疾险≠医疗险 / 097
4.2.1 重大疾病的治疗费用需要转移 / 097
4.2.2 非重大疾病的治疗费用，也需要转移 / 098
4.2.3 术后疗养 / 099
4.2.4 重疾险不能代替医疗险 / 100

4.3 保额不高的意外险，都不过是心理安慰 / 102
4.3.1 意外险考虑哪些方面 / 102
4.3.2 意外险的保额如何确定 / 103
4.3.3 医疗险能代替意外险吗 / 104

4.4 医疗险，一定要能解决你的医疗费用 / 106
4.4.1 医疗费用分类 / 106
4.4.2 不同的人对医疗险的需求 / 107

第 5 章 怎么给特定类型的人买保险 / 111

5.1 怎么给孩子买保险 / 113
5.1.1 社保先行 / 114
5.1.2 用医疗险补充社保 / 114
5.1.3 意外险很有必要 / 115
5.1.4 买对重疾险 / 116
5.1.5 寿险意义不大 / 119

5.2 给宝宝买保险，非一般情况实操 / 121
5.2.1 早产儿怎么买保险 / 121
5.2.2 宝宝生病了，怎么买保险 / 122
5.2.3 试管儿、领养的孩子，怎么买保险 / 122
5.2.4 爷爷奶奶、叔叔阿姨等长辈想给孩子买保险，可以吗 / 123
5.2.5 离异了，怎么给孩子买保险 / 123

5.3　怎么给自己买保险　/ 124
5.3.1　给自己买医疗险　/ 124
5.3.2　给自己买寿险　/ 126
5.3.3　给自己买意外险　/ 127
5.3.4　给自己买重疾险　/ 128

5.4　中青年买保险有哪些需要注意的地方　/ 131
5.4.1　健康状况　/ 131
5.4.2　代开药　/ 132
5.4.3　风险运动　/ 133
5.4.4　职业　/ 133
5.4.5　家族病史　/ 133
5.4.6　孕妇能不能买保险　/ 134

5.5　怎么给父母买保险　/ 135
5.5.1　给父母买重疾险　/ 135
5.5.2　给父母买医疗险　/ 138
5.5.3　给父母买意外险　/ 139
5.5.4　给父母买寿险　/ 140

第 6 章　不同情况的家庭怎么配置保险　/ 141
6.1　10 万元年收入的家庭怎么买保险　/ 143
6.2　30 万元年收入的家庭怎么买保险　/ 148
6.3　50 万元年收入的家庭怎么买保险　/ 153
6.4　100 万元年收入的家庭怎么买保险　/ 159

第 7 章　这样买保险，理赔不吃亏　/ 165
7.1　保险公司拒赔的"罪魁祸首"：未如实告知　/ 167
7.2　有技巧地告知　/ 170
7.3　告知不等于拒保，实际案例打消你的担心　/ 176
7.3.1　甲状腺癌术后居然可以投保重疾险　/ 177
7.3.2　一页 A4 纸那么多的健康告知，居然能正常承保　/ 177
7.3.3　大三阳可以加费承保　/ 178
7.3.4　肝功能不正常也可以标准体承保　/ 178
7.3.5　甲状腺结节、乳腺结节的正常投保方式　/ 179

7.4 投保单暗藏的玄机，你都清楚吗 /180

第 8 章　市场上实际的产品是什么样的　/ 185

8.1 寿险 /187
8.1.1 定期寿险 /187
8.1.2 减额寿险 /190
8.1.3 终身寿险 /193
8.1.4 增额寿险 /196

8.2 重疾险 /200
8.2.1 定期重疾险（单次赔付重疾） /200
8.2.2 终身重疾险（多次赔付重疾） /204

8.3 意外险 /208
8.3.1 综合意外险 /208
8.3.2 旅行意外险 /210

8.4 医疗险 /214
8.4.1 百万医疗险 /214
8.4.2 中端医疗险 /216

第 9 章　企业怎么买保险　/ 219

9.1 企业补充医疗险 /221
9.2 综合医疗险 /224
9.3 团体意外险 /228
9.4 雇主责任险 /231

第 10 章　经典理赔案例　/ 235

10.1 保险公司正常拒赔，流程不当最终理赔 /237
10.2 带病投保，保险公司最终获得支持 /241
10.3 近因不明，原来可以这么赔 /245
10.4 保险公司赔了钱，为什么还可以得到再赔一次 /248

第 11 章　这些保险术语，你需要了解一下　/ 251

如何用保险保障自己的一生

> 在说具体的保险内容之前，有几个老生常谈的问题需要讲一讲。保险公司会倒闭吗？怎么样买保险才不会买错？保险要从孩子买起吗？在第1章，我们先对这些问题做一个解答。

1.1 保险公司会倒闭吗

说到保险，就有一个老生常谈的问题：保险公司会倒闭吗？

一份保单，短则一年，长则几十年，甚至能保障终身：什么时候身故，什么时候才停止保障。

对于一个要持有这么长时间的东西，别说是买份保单，哪怕是种棵树，我们也要想想，这棵树能好好地活到我去找先人喝茶的时候吗？

我们在看保险公司名字的时候，会发现有两个字总是会重复，却很容易被忽视，那就是"人寿"两个字。

"人寿"这两个字，并不是和"保险公司"四个字捆绑的。比如中国平安公司，旗下除平安人寿外，还有平安健康、平安养老、平安财产。

也就是说，保险公司是有很多类别的，但是我们最常见的就是人寿保险公司（那些设置大型广告牌的，基本都是寿险公司）。

从"人寿"这两个字就能看出来，这类公司侧重对人身和寿命的保障。

很多时候，代理人会跟我们说，保险公司是不会倒闭的。我们可以看看

《保险法》里面是怎么解释的,如图 1.1 所示。

> 第八十九条　保险公司因分立、合并需要解散,或者股东会、股东大会决议解散,或者公司章程规定的解散事由出现,<u>经国务院保险监督管理机构批准后解散</u>。
> 经营有人寿保险业务的保险公司,除因分立、合并或者被依法撤销外,不得解散。
> 保险公司解散,应当依法成立清算组进行清算。

图 1.1　《保险法》第八十九条

在《保险法》里,保险公司因为这些原因,经过国务院保险监督管理机构批准后是可以解散的。其中,经营有人寿保险业务的保险公司,只能因为分立、合并或者依法撤销才能解散。

总而言之,就是保险公司确实是有可能会倒闭的。这里我们可以延伸地讲一下,保险公司如果想要倒闭的话,需要经历哪几个步骤。

1.1.1　偿二代

首先,保险公司风险监管体系通常叫作"偿二代"。

我们先说偿二代,偿二代主要看三个指标:综合偿付能力、核心偿付能力和风险综合评级。

根据银保监会(中国银行保险监督管理委员会,简称银保监会)的要求,现在保险公司每个季度都要更新一次这三个指标,并在各个保险公司的官网上显示。

(1)偿二代下的偿付能力要求

首先我们说综合偿付能力和核心偿付能力,这两个指标的组合分三个档位。

1)综合偿付能力充足率大于 120%,核心偿付能力充足率大于 60% 的,属于安全经营的公司。

2)综合偿付能力充足率低于 120% 或核心偿付能力充足率低于 60% 的保险公司为重点核查对象。

3)对于综合偿付能力充足率低于 100% 或核心偿付能力充足率低于 50%

的保险公司，银保监会会开始采取监管措施。

当偿付能力降到第 3 种情况的时候，就已经和保险公司的扩张以及高层人员的收入挂钩了，如图 1.2 所示。

第二十六条　对于核心偿付能力充足率低于50%或综合偿付能力充足率低于100%的保险公司，中国银保监会应当采取下第 (一) 项至第 (四) 项的全部措施：
(一) 监管谈话；
(二) 要求保险公司提交预防偿付能力充足率恶化或完善风险管理的计划；
(三) 限制董事、监事、高级管理人员的薪酬水平；
(四) 限制向股东分红。
中国银保监会还可以根据其偿付能力充足率下降的具体原因，采取以下第 (五) 项至第 (十二) 项的措施：
(五) 责令增加资本金；
(六) 责令停止部分或全部新业务；
(七) 责令调整业务结构，限制增设分支机构，限制商业性广告；
(八) 限制业务范围、责令转让保险业务或责令办理分出业务；
(九) 责令调整资产结构，限制投资形式或比例；
(十) 对风险和损失负有责任的董事和高级管理人员，责令保险公司根据聘用协议、书面承诺等追回其薪酬；
(十一) 依法责令调整公司负责人及有关管理人员；
(十二) 中国银保监会依法根据保险公司的风险成因和风险程度认为必要的其他监管措施。
对于采取上述措施后偿付能力未明显改善或进一步恶化的，由中国银保监会依法采取接管、申请破产等监管措施。
中国银保监会可以视具体情况，依法授权其派出机构实施必要的监管措施。

图 1.2　《保险公司偿付能力管理规定》第二十六条

同时，银保监会还可以根据其偿付能力充足率下降的具体原因，采取第二十六条的其他措施。

如果说经过银保监会的措施以后，保险公司的偿付能力仍然没有得到明显的提升甚至是进一步下降，那么银保监会就会依法进行接管，或者保险公司申请破产。

在 2020 年，已经有数家保险公司被银保监会委托其他保险公司接管。

这个时候，我们可以思考另一个问题，如果这个保险公司的偿付能力充足，但是它主要的资产都在境外，属于外国保险公司分公司，那么我们也可以放心吗？

对于这种情况，《保险公司偿付能力管理规定》也有考虑到，其规定"应当指定其中一家分公司合并评估所有在华分公司的偿付能力，并履行本规定的偿付能力管理职责，承担偿付能力管理责任"。

（2） 偿二代下的风险评级要求

银保监会要求保险公司的评级在 A 和 B 之间，这两个评级的保险公司属于风险较小的公司。根据《保险公司偿付能力管理规定》第二十七条内容："对于核心偿付能力充足率和综合偿付能力充足率达标，但操作风险、战略风险、声誉风险、流动性风险中某一类或某几类风险较大或严重的 C 类和 D 类保险公司，中国银保监会及其派出机构应根据风险成因和风险程度，采取针对性的监管措施。"

如果说保险公司还是撑不住，硬是走到了破产这一步，我们该怎么办呢？

1.1.2 保险公司破产了

这时候我们可以看《中华人民共和国保险法》第九十二条，如图 1.3 所示。这里有提到几个新知识点。

> 第九十二条 经营有人寿保险业务的保险公司被依法撤销或者被依法宣告破产的，其持有的人寿保险合同及责任准备金，必须转让给其他经营有人寿保险业务的保险公司；不能同其他保险公司达成转让协议的，由国务院保险监督管理机构指定经营有人寿保险业务的保险公司接受转让。
> 转让或者由国务院保险监督管理机构指定接受转让前款规定的人寿保险合同及责任准备金的，应当维护被保险人、受益人的合法权益。

图 1.3 《中华人民共和国保险法》第九十二条

第一个是经营有人寿保险业务的保险公司撤销或破产后，这个保险公司的人寿保险合同和责任准备金都将转让给其他经营有人寿保险业务的保险公司。

第二个是责任准备金。

第三个是如果保险公司不能和其他保险公司达成转让协议的，由国务院保险监督管理机构指定保险公司接管。

这里我们可以产生两个问题。

第一个问题，一和三其实是相关联的。保险公司的人寿保险合同和责任准备金都将转让给其他保险公司，没有保险公司接受的话，国务院保险监督管理机构会指定保险公司接管。

但是我们可以产生一个合理的怀疑，就是这种接收是无损的吗？

第二个问题，什么是责任准备金？

这里，我们可以关注一下《保险保障基金管理办法》。

（1）保险保障基金

保险公司收到的每一笔保费都需要准备责任准备金，其中一部分是作为或有负债，计为未到期责任准备金、未决赔款责任准备金；还有一部分，就是按照相应的比例，划到保险保障基金去。也就是说，保险公司每收入一笔保费，就要给保险保障基金交一笔"保护费"。

1）非投资型财产保险按照保费收入的 0.8% 缴纳，投资型财产保险，有保证收益的，按照业务收入的 0.08% 缴纳，无保证收益的，按照业务收入的 0.05% 缴纳；

2）有保证收益的人寿保险按照业务收入的 0.15% 缴纳，无保证收益的人寿保险按照业务收入的 0.05% 缴纳；

3）短期健康保险按照保费收入的 0.8% 缴纳，长期健康保险按照保费收入的 0.15% 缴纳；

4）非投资型意外伤害保险按照保费收入的 0.8% 缴纳，投资型意外伤害保险，有保证收益的，按照业务收入的 0.08% 缴纳，无保证收益的，按照业务收入的 0.05% 缴纳。

2019 年，保险保障基金中的财险保障基金已达到了 875.49 亿元；人身险保障基金 510.65 亿元（安邦注资 608 亿元尚未收回），总共 1386.14 亿元。

同时，保险保障基金有着严格到"变态"的投资要求：

即使是中央企业债券、中央级金融机构发行的金融债券，如果银保监会认可的信用评级机构对其评级在 AA 级以下，保险保障基金也不能投资。

固定存款方面，银行净资产少于 200 亿元，上年度资本充足率、不良资产率不符合监管要求的，不能作固定存款。

此外，单一银行内各类存款余额不得超过每个基金年初余额的 20%。

这些要求可以说是非常严格了，所以保险保障基金投资的安全性很高。

如果保险公司处在破产的边缘，那保险保障基金就会出手。

历史上，第一次出手是 2007 年，新华人寿经营出现危机，高层擅用新华人寿资金累计近 130 亿元，当时仍有 26 亿元尚未归还。保险保障基金斥资 16 亿元购买新华人寿股份，接管了新华人寿，2 年后退出，持有股份转让，保险保障基金盈利 12.5 亿元。

第二次出手是 2011 年，中华联合保险经营出现危机，因为巨额亏损和偿付能力不足也被接管，保险保障基金在 2016 年才退出，将股份转让给了辽宁成大、中国中车和富邦人寿，保险保障基金盈利 84 亿元。

第三次出手是 2018 年，安邦人寿经营出现危机，公司并购太多境外资产，原董事长涉嫌经济犯罪。保险保障基金再次斥资 608 亿元接管安邦人寿，于 2019 年，安邦人寿已改名为大家保险。

也就是说，当一个保险公司真的经营出现危机的时候，保险保障基金就会介入，并且其庞大的规模，也足以支撑它实质性地接管保险公司。

（2）保险公司破产后

我们再假设一个极端情况，保险保障基金不接管这家公司，这家保险公司后续会怎么办？

首先，是破产保险公司先进行清偿。

在破产保险公司清偿完毕之后，清算资产不足以偿付人寿保险合同保单利益的情况下，保险保障基金会对保单受让公司提供救助。

保单持有人为个人的，救助金额以转让后保单利益不超过转让前保单利益的 90% 为限；

保单持有人为机构的，救助金额以转让后保单利益不超过转让前保单利益的80%为限。

同时，《中华人民共和国保险法》写明，保单受让公司应当维护被保险人、受益人的合法权益。

至此，一个人寿保险公司才算是破产完成。

1.2 这样买保险，怎么样都不会错

很多人的保险启蒙，都来自自己身边的亲戚朋友。

他们会告诉你，我这里有一个×××保险，特别适合你，你来了解一下。

但是面对一个陌生的领域，大部分人都不了解这到底是什么，它有什么用，能给自己什么样的帮助。在不清不楚的情况下，有的人可能为了顾全亲友的情面购买，又不知道会不会买错；有的人拒绝对方说自己不买，又不确定这份保险对自己来说是否真的无意义。

所以在这里，我为大家梳理一个问题：怎么买保险，不会错。

在买保险的时候，天字第一号保险就是社保。社保是唯一一款没有核保也不会断保的保险。只要持续缴费，那么任何时候生病了，社保都可以按照报销要求，帮我们承担一部分的医疗费用。通常一次住院，社保中的医疗保险能报销大半的金额。

所以在买保险之前，我们要先看一下，家里还有谁没有交社保。

在职员工一般在公司交，公司承担一部分的保险费用；

孩子如果没有交，可以在居委会或者街道办咨询一下；

父母如果之前没有交，或者夫妻中有全职在家的，如果是城镇居民户口可以咨询当地社保中心，办一个城镇居民社保，非城镇户口可以找村委会办新农合。

一家老老小小加起来，一年可能也就支出收入的很少一部分，但是万一生病了，社保就是我们坚强的后盾。

在参加社保的基础上，我们再来考虑我们为什么要买保险。

其实买保险这个东西，说来说去就是一个字：钱。

归根结底，买保险就是为了应对意外情况。如果在某些时候出了某些事情，我觉得我可能一下子拿不出这笔钱来，那么这时就可以提前利用好保险的杠杆，用小成本保证我到时候能拿到那么一笔钱。

这就是保险的初衷，一个有偿的互助机制。

1.2.1 考虑什么时候会需要这一笔保障金

平日里最常见就是感冒发烧，但是治疗一次感冒发烧通常也就几十元钱，很多时候哪怕不吃药过几天也就康复了。

很明显，这一类属于频次高但是风险低的事情，如果我们想转移这一部分的风险，因为频次太高，那么理赔率也会很高，保费不会比实际就医费用低多少。所以这一部分完全可以自己承担，没有太大必要转移出去。

费用稍微高一点的就像肺炎、乳腺纤维瘤手术这些，花费一般在一万元之内，对于绝大多数人来说都可以承担，但如果能有杠杆比较高的保险就更好了。

像一些比较严重的疾病，比如说早期癌症一类的，花费可能是几万元，对于这些，属于能转移风险最好，但是没有合适的保险产品的话，勉强也能自己承受。

最怕的，莫过于重大疾病、高等级伤残以及意外去世。

重大疾病的治疗费用，几万元算少的，通常都要几十万元，并且一般发现病情后都需要尽快筹到一笔钱。

家人的意外去世，对于家庭来说不仅仅是情感上难以承受的打击，如果是家庭经济支柱身故，更是经济上的灭顶之灾。

新闻报道中有很多烧烫伤案例，如大面积三度烧伤，基本治疗费用加后期植皮，花费动辄上百万元。

所以，对于转移风险来说，我们应先考虑哪些风险是难以承受的。转移了这一部分难以承担的风险，再去考虑其他经济损失较小的风险。

有的人可能说，我一人吃饱全家不饿，那这种情况，应优先考虑的是重疾和伤残。

有的人说，我有公费医疗，医疗费用全额报销，那重点考虑的是残疾后的收入和身故补偿。

不同的个人情况，面对的问题不同。

读者可以考虑一下，你最担心的是什么风险？

1.2.2　怎么解决这个风险

我们先给风险分个类。

报销类的，包括重大疾病的医疗费用、伤残的治疗费用。

费用补偿类的，包括重大疾病治疗导致的收入损失、残疾后续的收入弥补、家庭经济支柱离去后给家人的经济补偿。

报销类的这两种，主要是靠医疗险解决，特点是医疗费用不定，可能几万元也有可能几百万元，所以需要的额度较高。

费用补偿类的，重大疾病治疗靠重大疾病保险；残疾后续的收入，意外险可以在很大程度上补偿；家庭经济支柱离去，这个经济补偿可以靠寿险。

以上内容，就是把不同的风险用不同的产品进行了解决。

这个时候很多人会认为：买了这种产品就解决了这种问题。

可事情并没有这么简单。

举个例子：

小明今年 30 岁，已婚，有一个孩子，夫妻双方的父母也都健在。

A 情况，小明给孩子买了全面的保险，然后小明的父亲得了重疾。

B 情况，小明给全家都配置了重疾险和意外险，给自己买了寿险，一年交不少钱。结果小明的父亲得了重症流感，在医院十几天花了几十万元。

这两种情况暴露出来两个问题，一个是保险要买全，另一个是保险要买足，不是买了就算完成任务。

因为不管是家里的谁出了事，都会牵动这一个家庭，都需要去花钱。所以在买保险的时候，不能只给一个人买保险。

每个人是不是都有了保障，每个人的保障够不够全面，都是我们应该关心的问题。

1.2.3 买保险怎么买

上一小节已经提到了，中国的保险公司有着重重保障，破产是很少见的情况，即使破产了，那么也是有其他公司接手的。

在严格的监管之下，保险产品有以下两个特性。

（1）安全

保险公司的经营严格受到银保监会的监管。

在偿二代体系下，保险公司每个季度都要公布自己的偿付能力。我国的这一套监管体系十分先进，已经走在了其他国家前面。

另外，保险公司的投资都有着严格的要求，非稳定性极高的投资渠道，都是不可以的。所以我们可以看到很有意思的一些情况，比如被认为"激进"的华夏保险，选择的投资方式是成为平安保险的股东。

（2）严格按照条款

黑就是黑，白就是白。保险赔付严格按照条款进行。

虽然个别人在销售保险的时候会存在误导行为，但是条款本身的内容都不会变，所以我们如果不确定这个人说的对不对，可以去看看条款。

如果条款有多种解释，那么《中华人民共和国保险法》要求选择偏向于投保人的解释。

在这两个特性下，我们在明确自己的保障需求之后，更需要关心的是这个保险产品的条款保障的东西够不够全面，有没有保障上的"硬伤"，以及这个保险产品的杠杆有多高，是不是能真实地起到保障作用。

【小结】

在我们真正去选择一个合适的保险时，最需要注意的是这几个问题。

1）我家里的人是不是都有社保了？

2）我担心什么？

3）什么险种可以解决我担心的问题？

4）这个产品，条款列明的保障责任够不够全面？费用与市场同类产品相比合不合理？

只有从需求出发，从真实想解决的问题入手，你所买到的保险，才是怎么样都不会亏的。

1.3 保险要从孩子买起吗

1.3.1 父母对孩子的爱

妈妈爱吃鱼头的故事,相信大家都看过,并且深有感触。它讲的是在我们年幼的时候,妈妈总是抢着吃鱼头,说鱼肉不好吃。等到后来我们长大了,终于可以吃鱼头了,才发现鱼头寡淡无味,根本就不好吃。

这里不讨论到底是鱼头好吃还是鱼肉好吃,只是想说这么一种现象,就是在我们身边真实生活和各种影视作品/书籍里,父母总是喜欢把自己觉得好的东西都留给孩子。

父母对孩子无私的爱与奉献,永远是人类不朽的传承。父母爱孩子往往就把自己认为最好的东西都给孩子。

自己出行都是骑共享单车,带孩子出门却总是打车;

舍不得春天给自己买一件新的风衣,孩子的衣服却季季换新;

好几年不换新手机,给孩子报起两万元一学期的课外班却一点都不手软。

这些父母和当初给我们留下鱼肉自己却吃鱼头的父母其实没有本质上的

区别。

所以很多人来咨询保险的时候，第一句话总是：我想给我们家宝宝买保险……

1.3.2　父母对孩子的责任

在孩子的养育过程中，很多人都会深感不易。

这种不易不仅仅体现在经济上，更体现在我们养育孩子的一个基础要求：责任。

做父母虽然是一个不需要考证就能上岗的"职位"，但是想要做一个好的父母，并不容易。

这体现在很多层面上，更多时候，是我们想把自己缺失的，全部弥补给我们的孩子。

鱼肉可能就是某一代人的缺失，不管"鱼头"本质上好不好吃，这都是那一辈父母的爱，是从为孩子好的角度出发，才会产生的一种行为。

但是作为父母，更基本的责任和义务是让孩子吃饱穿暖，让他病有所医，学有所成。

所以对很多人来说，当孩子呱呱坠地的那一刻，他们便突然意识到，什么叫作责任。

怎么能更好地尽到这种责任，也是很多人的难题。

他们可能深知世道艰险，知道孩子在长大的过程中，会遇到很多自己曾经遇到或者没有遇到过的问题。

他们也知道自己能力有限，担心不能给孩子更多的帮助、更好的教育环境，不能满足其特殊情况下的医疗需求。

但是他们依然想给孩子更多更有保证的爱，而不是把希望寄托在网络筹款，寄托在别人的善心上。

所以他们选择了保险，当他们来咨询保险的时候，第一句话总是：我想给我们家宝宝买保险……

1.3.3 给孩子买保险的优点

给宝宝买保险，相比于送孩子其他礼物来说，确实是一个很不错的选择。

（1）买保险是一份爱

父母都爱孩子，所以希望孩子一生都平平安安，但是我们也知道，平平安安并不能只靠想象，更多是靠经济能力和爱的守护。

经济能力能保障基础生活，它保证的是孩子的日常生活品质。孩子能穿上合适的衣服，吃上合适的食物，用上合适的东西，生病的时候能选择合适的医疗，得到恰当的治疗，这些都和经济情况密不可分。

爱也是一种能力，有爱，我们会引领孩子的成长和学习，关爱他的身体和心理健康，让他能有爱人的能力，也能保护自己，让孩子成长为一个过得开心的、对社会有益的人。

而保险，无疑是爱与经济的双重体现。因为爱孩子，所以给他买保险；买了保险，能更有效地保证孩子在意外发生时能得到恰当的治疗。

（2）买保险所需费用不高

年龄越小，出险概率越低。在给孩子买保险的时候，因为年龄小，生大病的概率低，所以孩子的重疾保险的费率通常都很低，这使得我们买起来更加轻松。而且，很多保险公司都专门设计了针对儿童的保险产品。

这些特定产品的特点就是保障时间短、针对性强、保额高、保费低，往往几百元就能得到最高一百万元保额的重疾保障，可以说是大部分家庭都能承受得起的费用，并且也是切实能解决问题的保额。

再加上医疗险和意外险，给孩子做个基础且全面的保障方案，所需保费往往在2000元到10000元之间。

通过保险，用这样的费用来保证孩子在大部分情况下都可以得到合适的医疗，不得不说是一件很值得的事情。

（3）买保险容易

买保险容易也是给孩子买保险的一大优势。

现代社会的极速发展、快节奏的生活模式、难以避免的雾霾等环境问题、重油重盐的饮食习惯等，这些都在缓慢地损害我们的健康。随着年龄的增长，亚健康的概率越来越高，一个成年人只要去体检，多多少少都会有一些小问题。

而这些小问题，在核保人员的眼里不一定就是小问题，因为核保人员考虑的是这些小问题，在未来的几十年里，是否会令这个人得这方面重疾的概率比其他人高。

所以成年人在投保的时候，多多少少都要面临核保难这一情况。甚至有不少人的健康告知，一张A4纸都写不下，可是真说起来，健康也没有什么大问题。

亚健康已经逐渐成为一个普遍的情况。

但大部分的宝宝都没有这方面的问题，因为他们刚刚出生，一切都还在起点上。

所以他们在保险产品的选择上可以更加"任性"，区别只在于家长对保险公司、保险产品有什么样的偏好。

1.3.4 出险率和疾病发生率

在2020年，银保监会发布了《中国人身保险业重大疾病经验发生率表（2020）》，从这个表里，我们可以得到很多疾病发生概率的真实数据，让我们一起来看看。

在重大疾病保险里面，有一个《重大疾病保险的疾病定义使用规范（2020年修订版）》（后文简称《规范》），里面对28种重大疾病进行了统一和规范，其中6种是必有病种。

如图1.4所示，6种必有病种经验发生率男表里，概率最低的是7岁，经验发生率为0.131‰，也就是说，一万个人里有1.31个人出险。

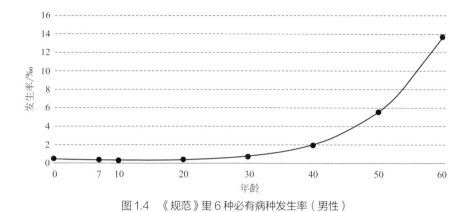

图 1.4 《规范》里 6 种必有病种发生率（男性）

0 岁发生率为 0.312‰，也就是说，在 0～7 岁之间，经验发生率是递减的，从 7 岁开始，发生率开始增长。

在 30 岁的时候，经验发生率为 0.646‰，是 0 岁的 2.07 倍，是 7 岁孩子的 4.93 倍。

和男性一样，女性概率最低也是 7 岁，经验发生率为 0.107‰，也就是一万人里有 1.07 个人会出险，如图 1.5 所示。

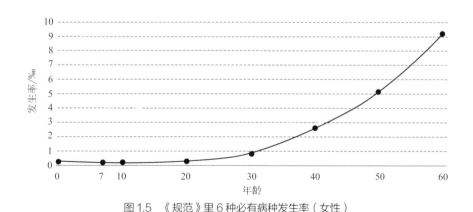

图 1.5 《规范》里 6 种必有病种发生率（女性）

0 岁女婴的经验发生率是 0.239‰，比男婴要低 0.073‰，差距都快接近 7 岁女童的整体经验率了。

到了 30 岁，经验发生率变成了 0.779‰，是 7 岁女童的 7.28 倍，是 0 岁女婴的 3.25 倍。

《规范》中的 28 种重疾的经验发病率走向和 6 种必有病种的走向差不多，都是 0 岁略高，然后慢慢降低，到 7 岁左右开始上升，30 岁开始上涨幅度增加，如图 1.6 所示。

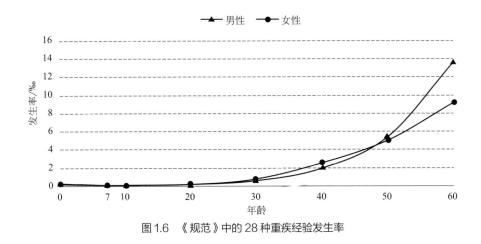

图1.6　《规范》中的 28 种重疾经验发生率

1.3.5　孩子真正的保障

因为我们深爱孩子，有时选择把自己舍不得吃大餐的钱留给他们吃大餐，舍不得买衣服的钱留给他们买衣服，舍不得换新手机的钱留给他们上补习班。

这种行为并不会对我们的家庭生活造成很大影响，究其根本，是因为：

我们不吃大餐也能吃得开心；

不买新衣服也不会衣不蔽体；

不换新手机，旧手机也能满足日常使用。

但是，一旦我们把给自己买保险的钱省下来，只给孩子买保险，那么会出现以下几种可能的状况。

（1）孩子没出险，我们也没出事

这种情况皆大欢喜，大家都开心。

（2）孩子出险了，我们没出事

这种情况下，我们给孩子买了保险，那么，符合保险理赔要求的情况下，我们可以获得相应的理赔。

并且，如果我们的保障计划做足了的话，我们得到的理赔往往能解决我们实际上需要的费用。

虽然出险不是我们希望看到的，但是能得到足够的理赔，也是不幸中的万幸。

（3）孩子没出险，我们出事了

这种情况是最坏的。如果发生这种情况，我们需要面临：

1）我们的高额治疗费用；

2）我们和孩子的日常生活费用；

3）我们的疗养费用；

4）孩子的教育费用；

5）孩子的保费。

是的，你没有看错，一旦大人出事了，最坏的情况是，我们不仅仅需要面对常见的那些经济困难，甚至给孩子买的保险都可能没钱继续交费。

这样该怎么办呢？

在保险方面的爱，我们需要调整一下我们的观念。

那就是：

"孩子真正的经济保障，来自整个家庭，而不仅仅是孩子自己的保障。家长自身经济的稳定，才是孩子最坚强的后盾。"

我们可以想象一下。

在当下，一个家庭中，谁出事会对家庭造成严重的经济负担？

对于大部分人来说，这个问题的答案是：所有人。

家庭中，任何一位成员出事的话，都需要去治疗，去休养。

治疗和休养则意味着高额的支出，甚至可能是远超过我们收入的支出。

在这种情况下，我们没有办法预测到谁是先出事的那个人。

但是我们知道大家都是一家人，不管谁出事，都将是整个家庭的不幸。

1.3.6　父母之爱子，则为之计长远

我们在各种新闻、网络众筹里面，经常会看到这样的情况：某个家庭的经济支柱没了，然后家庭经济一下子遭受重创，配偶收入能力低却又习惯了高消费，孩子的教育费用等问题一拥而上，整个家庭陷入困境。

父母在最开始的时候，都是从爱的角度出发，但是实施的方式不同，造成的结果也会有很大的区别。

买保险其实是一件很私人的事情，因为这个关系到的是这个人、这个家庭在面临危机状况的时候，家庭的经济储备。

每个家庭的状况不一样，需要储备的"钱"也不一样，所以每一份保障方案都有它的特色，而并不是说一个方案复制给所有人。

在这个过程中，我们一定要明白的一个道理就是，保险不是一个人的事情。家庭中的任何一个人，如果他出事会对家庭经济造成影响的话，那么这个人就是需要得到保障的。

父母对孩子真正的爱，不只是保障孩子当下的生活，而是要有能让孩子稳定生活的底气。

从父母之爱出发，买保险，可以从孩子先开始考虑。

但父母更要明白的是，什么样的实施方案才是更稳妥的爱。

第 2 章

保险经纪人教你避坑

> 越来越多的人意识到了保险的重要性，但是保险市场中的产品品质良莠不齐，对于跨行业的人来说，真的很难分清楚一个保险产品的好坏，条款里面有哪些"坑"，又有哪些需要注意的地方。对于这些东西，我们会一条条地讲解。
> 这一章，主要为您讲解，保险保障类型有哪些。

本章既然是保险经纪人教读者避"坑"，在开始之前，当然要给大家介绍一下，保险经纪人到底是干什么的。

相信大家平时都接触过很多保险公司的销售，像中国人寿、新华人寿，他们的销售人员都是保险代理人。

根据《中华人民共和国保险法》第一百一十七条："保险代理人是根据保险人的委托，向保险人收取佣金，并在保险人授权的范围内代为办理保险业务的机构或者个人。"

而保险经纪人呢，根据《中华人民共和国保险法》第一百一十八条："保险经纪人是基于投保人的利益，为投保人与保险人订立保险合同提供中介服务，并依法收取佣金的机构。"

也就是说，保险经纪人其实是第三方，可以同时接受多个保险公司的委托，可以根据客户的不同需求，帮客户匹配不同公司的产品。

优秀的保险经纪人，往往有以下几个特点。

（1）爱抠条款

好的保险经纪人会一个字一个字地研究条款，讲的东西都是条款里面的内容，不会空口白牙。

（2）独立思考

培训的课程，主要靠所在团队自主研发，就算与其他团队交流，也能保持独立思考，从不人云亦云。

（3）爱问需求

我相信，保险绝对不是一个可以简单推销的东西，每个人/家庭，都有自己不同的风险点和保障需求。只要从需求出发，那么能对口的保障方案，就是好方案；反之，再好的产品，不符合需求也没有意义。

根据我多年的工作经验，发现保险投保并不是一件简单的事情，里面有很多投保人容易疏忽的地方，这里，我就来跟大家聊聊，不同的保险里面，都有哪些常见的"坑"。

2.1 寿　险

寿险是什么？寿之一字，生死也。

寿险其实保的是我们的寿命，终身寿险是必然会得到理赔的，所以杠杆偏低，而定期寿险因为有射幸性，保障年期通常会比平均寿命要短，所以杠杆会高很多。

2.1.1 一个家庭，到底谁应该买寿险

前面说得很清楚，寿险是一份保生死的产品，那也就是说，只有当我们离开人世间，才能得到这笔理赔。

以现在典型的倒三角家庭举例。

六十岁左右的老人，差不多都结束了自己的工作生涯，已经退休，少数人可能会返聘，不过大多数返聘的人也只是为了不那么清闲，而不是

为了生计；其孩子通常也已经成家。在这个年龄段的人，从经济上来说，他对家庭的责任相对没有那么大，因为这个家里面，需要靠他养的人已经没有了。

如果这个年龄段的人离开，更多考虑的是资产的传承，也就是说，怎么把已有的资产无损或者带杠杆地传承给下一代。

三十多岁的人，往往是家庭的支柱，或者说即将成为家庭的支柱。

他们有些背负着"996"的工作压力，扛着房贷、车贷，考虑着父母的养老、孩子的择校和辅导班，每天想的不仅仅是自己，还有这整个家庭的人怎么样才能都过得好。这样的一群人往往在职场上是最努力的，也是生活中最朴素的。因为他们需要考虑的东西太多。

那么这样的家庭支柱一旦离开，对于家庭里的任何一个人来说，无疑都是重击。除了感情之外，经济上的打击也是不得不谈的一点。

毕竟，房贷和车贷需要有人继续还，为老人准备的养老金不一定足够，孩子的教育费用也是一笔巨额的支出。为了应对这些情况，就需要定期寿险来发挥相应的作用。

几岁的孩子是最无忧无虑的，他们对世界充满了好奇和懵懂，需要去学习，去成长。

同时，在这个阶段，也是承担家庭责任最小的时候，他们更多的是享受家庭对他们的付出。这都是因为孩子的特性：没有自我保护能力、没有对风险足够的防范意识。为了防止可能的道德风险，所以银保监会对孩子的身故保额也是有限制的，0～9岁不能超过20万元，10～17岁不能超过50万元。不过因为孩子对家庭不需要承担经济上的责任，所以在寿险保额这一部分是可以缺失的。

通过这样的一个家庭模型可以看出来，在买寿险的时候一定要注意的是，谁对这个家庭的责任大，谁就应该先买。

注意，责任越高，保额越高，责任越低，保额越低。

2.1.2 寿险应该保多久

开篇的时候有提到，终身寿险因为必然会赔，所以杠杆很低，定期寿险因为不一定会赔，所以杠杆较高。

那么，我们买寿险要买保多久的呢？

首先，要看你的需求，是为了资产传承还是为家人的生活作保障。

如果是资产传承的话，购买人买的时候一般年龄已经是偏大的，往往奔着的是安排身后事，那么杠杆虽低，通常只有一倍多，但是它一定会赔的特性会更符合要求。

如果是为了作为家人生活的保障，那需要注意以下几点。

（1）大于债务期

通常的债务，指的是房贷这一类的贷款，随着房价的上涨，房贷也是水涨船高。高额的房贷，靠普通工薪阶层家庭的收入，通常可以覆盖，但是一旦失去了其中一个人的收入，那么家庭经济可能就会为债务所累。

（2）大于抚养期

现在养育孩子，父母可以说是费尽心思，大家都想让孩子上更好的学校、更好的兴趣班，有的一年支出几万元的教育费用，甚至上六位数也不算稀奇。而且在这期间，孩子需要较高且持续的支出，所以说，我们需要保证孩子这一段时间能稳定且经济无压力地成长。

（3）大于责任期

一家之主在某种层面上意味着要承担一个家庭的花销，包括日常支出，还有定期可能需要给老人的赡养费用。那么在"一家之主"的责任期内，可能要对家人一直负有这样的经济责任，所以保险的保障期最好大于责任期。

2.1.3 寿险的三条免责

虽然说买了寿险，人一旦过世一般就能获得理赔，但是仍然有几种情况是不能理赔的。

通常，寿险在以下情况免责：

1）投保人对被保险人的故意杀害、故意伤害；

2）被保险人故意犯罪或抗拒依法采取的刑事强制措施；

3）被保险人自本合同成立之日起二年内自杀，但被保险人自杀时为无民事行为能力人的除外；

4）被保险人主动吸食或注射毒品；

5）被保险人酒后驾驶、无有效驾驶证驾驶或驾驶无有效行驶证的机动车；

6）战争、军事冲突、暴乱、恐怖活动或武装叛乱（以上行为以政府宣告或认定为准）；

7）核爆炸、核辐射或核污染。

也就是说，这七条内容，如果出现其中的某一条，都是无法理赔的。但是我们也可以看出，这些内容都是属于违法犯罪或者天灾一类的情况，是正常生活中很难遇到的。

也有某些保险公司以自己寿险条款仅有三条免责来作为宣传，通常他们的三条免责如下：

1）投保人对被保险人的故意杀害、故意伤害；

2）被保险人故意犯罪或抗拒依法采取的刑事强制措施；

3）被保险人自本合同成立或者合同效力恢复之日起二年内自杀，但自杀时为无民事行为能力人的除外。

从这三条免责我们可以看出来，相比七条免责，少了的仅仅是一些与战争/毒品/酒驾等相关的条款，其实影响并不是那么大。

与此同时还有一个问题就是，三条免责很稀有吗？

其实，随着越来越多保险公司加入定期寿险的角逐，三条免责已经逐渐成为一种标配。

大部分新出的保险产品都是三条，并且保险产品开始"比拼"的点，除了保费和免责项目以外，还有告知项目。

所以说，不要看到免责少就觉得占了多大便宜，一方面有这样条款的保险产品越来越多，另一方面免掉的是并不常见的内容。

2.1.4　寿险的条款，有哪些不得不注意的地方

说了寿险的免责，那么，在条款里还有哪些需要我们注意的地方呢？

这个我们从头说起。

（1）保险金受益人的指定和变更

在寿险里面，是可以指定受益人的，在《中华人民共和国保险法》里面，没有对受益人的身份做出规定，只是说"投保人指定受益人时须经被保险人同意。投保人为与其有劳动关系的劳动者投保人身保险，不得指定被保险人及其近亲属以外的人为受益人"。

但是在保险公司的实际操作中，为了防止道德风险，一般受益人只可以设置为自己的第一顺位继承人，也就是父母、配偶、子女，如果因特殊原因需要设置为其他亲属或者公司的话，那就需要向保险公司申请，找到一个能接受此要求的保险公司。

（2）保险金的给付

如果出险了，有指定受益人的话，是直接按照约定的比例赔付给指定的受益人的，受益人拿相应的资料去申请理赔就可以了。

如果受益人和被保险人同时身故，那么《中华人民共和国保险法》是推定受益人先身故的，这样这个受益人就失去了收益权，这个受益人的理赔部分，就按照遗产继承规定再分配给其他继承人。

如果说这个保单没有指定受益人，那就是第一顺位继承人作为受益人，平分保额，需要所有第一顺位继承人一起去申请理赔。

如果说受益人指定的是自己原先的配偶，之后离婚又再婚了，但是指定

的受益人没有做对应的变更,这个时候如果出险了,前配偶也会丧失受益权,其对应份额作为遗产继承。

(3) 儿童的理赔额度限制

为了防止道德风险,对于儿童的寿险保额,是有一定的限制的。

0～9岁的孩子,寿险保额不能超过20万元;10～17岁的孩子,寿险保额不能超过50万元。

如果说给孩子买的重大疾病险带有寿险责任,通常18周岁前的寿险保额都是只赔保费,如果按照保额赔,那么孩子因为寿险保额赔付的限制,就买不了高保额重大疾病险了。

不过因为孩子对家庭也没有什么经济责任,所以寿险责任也不是那么重要。

(4) 失踪处理

如果说人失踪了,符合以下两种情况可以宣告死亡。

1) 下落不明满四年的。

2) 因意外事故下落不明,从事故发生之日起满二年的。战争期间下落不明的,下落不明的时间从战争终结之日起计算。

在法院宣告死亡以后,就可以找保险公司办理理赔了。需要注意的是,失踪后要向保险公司报备失踪的情况,然后问询失踪期间需不需要缴纳保费。千万不要在中间因为自身的原因造成保障中止。

2.2　重疾险

重疾保险可以说是很多人买保险的重点产品了，但是重疾险也是最复杂的一个险种，接下来我们来聊一聊重疾险里有什么重点需要了解，有哪些需要特别注意的地方。

2.2.1　最初的重疾险

1995 年我国（港澳台除外）首次引进重大疾病保险，当时推出的重大疾病保险仅有 7～10 种重大疾病责任。

当时的重疾险保障的病种很少，而且各家保险公司的病种都是自己定的，哪怕名字相同的恶性肿瘤，定义也不一样，没有统一的行业标准。渐渐地就有人发现，这样的条款对于被保险人来说不太有利。

在十几年前，因为一篇名为《在中国千万不要买保险》的文章，让很多人发现了当时重疾险产品的重疾定义和理赔标准太严格，有多人因此联名起诉保险公司。

这篇文章的广泛流传和接连的起诉，让当时的监管系统开始重视重疾病种在定义上的统一。当时的保险行业协会和中国医师协会联合推出了《重大疾病保险的疾病定义使用规范》，从 2007 年 8 月 1 日开始，成年人（十八周岁以上）阶段投保的重大疾病保险都需要符合这个规范。2020 年 11 月 5 日，中国保险行业协会与中国医师协会在北京举办新闻通气会，正式发布《重大疾病保险的疾病定义使用规范（2020 年修订版）》。同时明确过渡期为发文之日起至 2021 年 1 月 31 日，确保重大疾病保险新老规范平稳切换。

这个"重疾新规"对 28 种最常见的重大疾病进行了规范和统一。

2.2.2 现在的重疾险

随着时间流逝，重疾险一直在更新，但是《重大疾病保险的疾病定义使用规范》里定义的 28 种重大疾病，一直都是理赔发生率最高的。各个保险公司还会在这个基础上增加一些病种，不过增加的这些病种，出险概率都比较低。

在 2013 年，当时的保监会（中国保险监督管理委员会）发布《中国保监会关于普通型人身保险费率政策改革有关事项的通知》，将 2013 年 8 月 5 日及以后签发的普通型人身保险保单法定评估利率上限提升到 3.5%。

从 2.5% 到 3.5%，无疑是一个很大的提升。

2014 年，华夏人寿在 3.5% 的预定利率之下，推出了相比市场其他产品来说保费降幅较大的产品，拉开了保险性价比之争的大幕。

2015 年，有保险公司首次提出了轻症豁免责任。意思是被保险人在保障期内首次达到轻症理赔要求并理赔，可以豁免后期未交保费。对于已经生病的人来说，这确实是一个很好的保障。

2016 年开始，市场主流开始往重疾多次理赔的方向转变。

最开始是重疾分 2 组，每组可以赔 1 次。

接着是重疾分多组，每组可以赔 1 次，可以赔多组。

然后是重疾不分组，每种可以赔 1 次，可以赔 2～3 种。

现在又有一种比较新的方式，即每种疾病可以赔 1 次，没有疾病种数限制。

在重疾多次赔的基础上，2018年，有的保险公司在保单里加入了中症，就是把几个稍微严重一点的轻症筛选了出来，增加了赔付比例，变成了中症。

可以看出，我国的重疾险在二十几年里，经历了多次的变革。前期的变革主要是病种的统一和预定利率的变更，近几年则是责任范围越来越大，产品越来越丰富。

2.2.3 病种越多越好吗

现在保险公司竞争越来越激烈，在重疾险里增加的病种越来越多，产品的病种数量从七八十种到一百多种，差异很大。这个时候，我们就会有一个问题：病种是不是越多越好？

在看重疾险的时候，我们需要了解《重大疾病保险的疾病定义使用规范》，这个规范有两版，如果是2007年8月1日至2021年1月31日之间购买的重疾险，大多适用的是旧规范，有25个病种，6个必有病种，分别是恶性肿瘤、急性心肌梗塞（现名为：急性心肌梗死）、脑中风后遗症、重大器官移植术或造血干细胞移植术、冠状动脉搭桥术（或称冠状动脉旁路移植术）、终末期肾病。

如果是2021年2月1日及以后购买的重疾险，适用的是新规范，有28个病种，其中6个是必有病种，分别是恶性肿瘤——重度、较重急性心肌梗死、严重脑中风后遗症、重大器官移植术或造血干细胞移植术、冠状动脉搭桥术（或称冠状动脉旁路移植术）、严重慢性肾衰竭。

这两种疾病规范，都不是保险公司拍脑门子定出来的，是由保险行业协会和中国医师协会共同制定，保监会（中国保险监督管理委员会）要求保险公司必须实施的规范。

虽然一眼就可以看出，6个必有病种都挺常见，但是对于其所占的理赔比例我们可能还不太清楚。接下来我们随便拿几个保险公司2018年的理赔数据看看。

华夏人寿：出险率最高的重疾分别是恶性肿瘤、急性心肌梗死、脑中风后遗症。其中恶性肿瘤赔款占总赔款的 76.4%。

平安人寿：出险率最高的重疾（轻症也单独计算了份额）分别是恶性肿瘤（66.7%）、急性心肌梗死（11%）、脑中风后遗症（5.3%）、尿毒症（2.6%）、良性脑肿瘤（2.2%）、冠状动脉搭桥手术（1.4%）。这 6 种重疾占总理赔的 89.2%。

同方全球人寿：出险率最高的重疾分别是恶性肿瘤（78%）、急性心肌梗死（7%）、脑中风后遗症（3%）、良性脑肿瘤（2%）、冠状动脉搭桥术（2%）。这 5 种占总理赔的 92%。

也就是说，在实际的理赔中，占比最高的通常都是恶性肿瘤。而前 6 种高发的重疾，差不多能占到总理赔的 90%。

而在 6 种必有病种之外，还有 19 种可选重疾。这 25 种重疾的理赔率加在一起，超过了重疾险总理赔的 95%，新规的 28 种疾病在笔者写这本书时还没有统计出全年理赔率，不过它包含了旧规的 25 种疾病，相信理赔占比是不会降低的。也就是说，哪怕病种再多，比如 100 种或 150 种，后面的 75 种或 125 种占的比例也不超过 5%。

那我们是不是就可以说，除了规定中的常见重疾，其他重疾就不重要了呢？

以冠心病、肺源性心脏病为例，它们不在规定的 28 种重疾里面，但是冠心病在所有心脏病死亡原因里排首位，肺源性心脏病也是比较常见的一种心脏病。

如果说，同样的保额下，两个产品的保费差不多时，当然是保障的责任越多越好，能保障的病种越多越好。

如果说，同样的保额，两个产品的保费差了 30%，那优先选保得更全面的，还是选保费更低的，就见仁见智了。

2.2.4 等待期内出现症状，如何决定你能不能获得理赔

在重疾险里，我们能明确的一点就是，保障期间内出的事情才会得到理赔。但是，在等待期前后出了险，不同的描述却会有不同的理赔方式。接下

来，我们就说说几种比较常见的等待期描述。

第一种：等待期内发现症状或确诊大病，不理赔，其他病种仍处于保障范围内。

我们可以参考同方全球人寿的等待期条款是怎么写的，如图2.1所示。

重大疾病保险金

若被保险人于本合同生效(或最后一次复效，以较迟者为准)日起九十天后或因意外伤害事故首次发病，并经我们指定或认可的医院的专科医生确诊首次罹患本合同约定的重大疾病，则我们按基本保险金额给付"重大疾病保险金"(若被保险人同时符合一项以上重大疾病时，该给付以一项为限) 予被保险人，本合同效力终止。

图2.1 同方全球人寿某年的重疾险产品中等待期的相关描述

同方全球人寿的条款中只规定了等待期后首次发病，这种情况可以赔。而等待期内如果首次发病并没有进行规定，需要在和同方全球人寿的核赔沟通后确认，这是指等待期内首次发现症状或确诊重大疾病、轻症，不能进行理赔，但是保单仍然有效，本种疾病除外，其他病种仍在保障范围内。同方全球人寿也是目前少有的明确使用这种处理方式的保险公司。

第二种：等待期内发现导致大病的症状或确诊大病，退保费。等待期内发现导致轻症重疾的症状或确诊轻症，不理赔，其他轻症仍处于保障范围内。

可以参考华夏人寿的等待期条款描述，如图2.2所示。

重大疾病保险金

一、若被保险人于本合同生效或最后一次复效之日起90日内(含第90日)因意外伤害以外的原因导致初次患本合同所列的重大疾病的一种或多种，我们将按累计已交保险费给付重大疾病保险金，同时本合同终止。

二、若被保险人因意外伤害，或于本合同生效或最后一次复效之日起90日后因意外伤害以外的原因，导致初次患本合同所列重大疾病的一种或多种，我们将按本合同的基本保险金额给付重大疾病保险金，同时本合同终止。

图2.2 华夏人寿某年的重疾险产品中等待期的相关描述

华夏人寿的条款中规定了，必须是在等待期后初次发现导致重大疾病的症状，这样达到约定的重大疾病的要求后才能申请理赔，否则只能退保费。

第三种：等待期内确诊大病、轻症不赔，等待期内发生导致大病、轻症的状态，等待期后确诊，可以理赔。

可以参考泰康人寿的等待期条款是怎么描述的，如图 2.3 所示。

重大疾病保险金

本合同生效(若曾复效，则自本合同最后复效)之日起180日内，被保险人经医院初次确诊非因意外伤害导致罹患本合同所定义的重大疾病(无论一种或者多种)，我们将按您累计已交纳的本合同的保险费数额(不计息)向重大疾病保险金受益人给付重大疾病保险金，本合同终止。

被保险人经医院初次确诊因意外伤害导致罹患本合同所定义的重大疾病(无论一种或者多种)，或者于本合同生效(若曾复效，则自本合同最后复效)之日起180日后，经医院初次确诊非因意外伤害导致罹患本合同所定义的重大疾病(无论一种或者多种)，我们将按本合同的基本保险金额向重大疾病保险金受益人给付重大疾病保险金，本合同终止。

本合同所定义的重大疾病载明于本合同"9.2.重大疾病定义"。

图 2.3　泰康人寿某年的重疾险产品中等待期的相关描述

泰康人寿的条款明确规定了，等待期后确诊，达到合同中重大疾病、轻症定义，就可以申请理赔，但是没有明确何时出现症状导致确诊。如果发生等待期内出现症状而等待期后确诊的情况，是可以申请到理赔的。

保险公司等待期内发现症状、确诊的处理方式大多都介于这三者之间。但简单的 90 天/180 天等待期，内里却大不相同。

如果真的在等待期前后查出了问题，一定要仔细看条款，不然很容易走进误区，甚至会影响到可能的理赔。

还有一种需要注意的是，有的保险公司在保障责任条款里写到"在等待期内确诊初次发生本合同所指的重大疾病，我们将按累计已交保险费给付重大疾病保险金，同时本合同终止"，这里的"确诊初次发生"，还需要看看释义里是怎么写的。有的释义里写的是"初次出现与约定疾病相关的症状或体征，而该症状或体征已足以引起一般人士注意并去医院寻求医疗检查，且被诊断为约定的疾病或在其后发展为约定的疾病"。

这一种情况看起来像是第三种，其实是第二种，即等待期内发现症状，退保费。

2.2.5　重疾险真的是确诊就赔吗

在很多相关的保险宣传上，都写的是重疾险确诊即赔。那么我们选择某重疾险的相关条款，来看一下。

如图 2.4 所示，在恶性肿瘤的理赔上，确实是达到了确诊的标准就可以理赔，重点就是需要病理学检查明确诊断，不过这个病理学检查通常要通过活检，或者手术摘除才能做出来。

10.7.1 恶性肿瘤

指恶性细胞不受控制的进行性增长和扩散，浸润和破坏周围正常组织，可以经血管、淋巴管和体腔扩散转移到身体其它部位的疾病。经病理学检查结果明确诊断，临床诊断属于世界卫生组织《疾病和有关健康问题的国际统计分类》(ICD-10) 的恶性肿瘤范畴。

下列疾病不在保障范围内：
1. 原位癌（注）；
2. 相当于Binet分期方案A期程度的慢性淋巴细胞白血病；
3. 相当于Ann Arbor分期方案Ⅰ期程度的何杰金氏病；
4. 皮肤癌（不包括恶性黑色素癌及已发生转移的皮肤癌）；
5. TNM分期为$T_1N_0M_0$期或更轻分期的前列腺癌；
6. 感染艾滋病病毒或患艾滋病期间所患恶性肿瘤。

注：原位癌指恶性细胞局限于上皮内尚未穿破基底膜浸润周围正常组织的癌细胞新生物。原位癌必须经对固定活组织的组织病理学检查明确诊断。被保险人必须已经接受了针对原位癌病灶的积极治疗。

图 2.4 恶性肿瘤相关条款

但是我们再仔细看看条款，会发现其他病种就不太一样了，如图 2.5 所示。

10.7.2 急性心肌梗死

指因冠状动脉阻塞导致的相应区域供血不足造成部分心肌坏死。须满足下列至少三项条件：
1. 典型临床表现，例如急性胸痛等；
2. 新近的心电图改变提示急性心肌梗死；
3. 心肌酶或肌钙蛋白有诊断意义的升高，或呈符合急性心肌梗死的动态性变化；
4. 发病90天后，经检查证实左心室功能降低，如左心室射血分数低于50%。

图 2.5 急性心肌梗死相关条款

在这个病种里，我们发现有一个时间的要求：发病 90 天后仍然有某些症状。说到这里，其实就已经明确了，重大疾病不等于确诊就赔。

其实，在重疾的病种里，主要分了几种类型。

1）确诊即赔型，比如恶性肿瘤。

2）手术完即赔型，比如冠状动脉搭桥术，就是要求做了这个手术才可以理赔。

3）持续一段时间仍有相应症状型，比如语言能力丧失，脑中风后遗症，确诊后需要持续一段时间，并遗留症状才可以获得理赔。

4）持续某一种状态型，比如深度昏迷，要求深度昏迷96小时才可以获得理赔。

在发生相关症状的时候，一定要仔细看看条款里面的理赔要求，不是所有的病种都可以确诊就赔的。

2.2.6　重疾险的条款，有哪些不得不注意的关键

（1）在重疾险的条款里有四期的概念

1）等待期：投保后，需要过了等待期后，保险公司才开始承担保障责任。这个等待期主要是为了防止道德风险。

2）犹豫期：犹豫期内，投保人可以选择退保，最多扣取10元工本费。

3）宽限期：宽限期通常是60天。在每年续保缴费的时候，会有60天的宽限期，在60天宽限期内交上保费就视为正常缴费。

4）间隔期：如果有多次赔付的话，那么两次赔付之间往往会有间隔期。意思是第一次确诊重疾并理赔之后，从确诊之日起多少天之后，出现新的症状并导致其他的重疾，可以申请二次理赔。

需要注意的是，分组型重疾的间隔期通常是180天，不分组重疾的间隔期往往是365天。轻症和中症的多次赔付通常没有间隔期，但是少数产品也会有间隔期的要求。

（2）重疾险含寿险责任

有不少重疾险都包含寿险责任。我们已经知道，重疾险是有等待期的，需要在等待期后才承担保险责任。但是重疾险里包含的寿险责任，可能是没有等待期的。

也就是说，如果等待期内确诊重疾，肯定不能理赔，但是如果身故，若是寿险责任没有等待期的话，是可以理赔的。

（3）豁免责任

豁免责任，指的是被保险人首次达到轻症/中症/重疾状态并且得到理赔后，那么从达到理赔状态起，未来还没交的保费就不用再交了。

但是我们发现，有的条款会写一句话：

被豁免的保险费视为已交纳，同时本合同继续有效。

也就是说，没交的保费虽然不用再交了，但是视为已交。这样的话，保单的权益就应该是和交全费用的权益一样。这个差异的重点就在于现金价值。我们知道，保单承保以后，会有一个现金价值，这个是随着保障年限的增加逐年增加的。现金价值是指退保的时候可以拿到的一笔钱。

既然视为已交，现金价值也应该继续享有，那么在首次理赔之后，如果过了一段时间想退保，也是能退出现金价值的。但没有"视为已交纳"这句话，就无法确定还有没有现金价值。

2.3 意外险

其实很多人买保险的时候，可能第一份都是意外险。孩子读书时买的学平险，主要保障责任就是意外责任。平时买机票的航空意外险，买客车票附带的公共交通意外险，都是属于意外险的范畴。

意外险，保的主要就是意外风险，风险的近因必须是外来的、突发的、非本意的、非疾病的，或者本来可以避免但是由疏忽导致的。也就是说，符合这个前提，那就属于意外险的保障范畴。

有的人会想，那猝死不也是意外吗？为什么意外险不赔呢？其实，猝死是身体潜在的疾病导致的，内在的原因可能是心梗等疾病，不属于外来的、非疾病的，也就不属于意外险的赔偿范围。

那么说回到意外险，其实意外险主要有两个责任：意外身故、意外伤残。

意外身故很简单，就是意外的情况导致了身故，比如说车祸、不小心溺亡，就可以得到赔偿。

意外伤残比较复杂，意外的情况导致了伤残以后，需要去做一个定残，最后根据定残的情况来赔付。

但是，定残的标准可能是不一样的。在 2014 年以前销售的意外险，按照当时的残疾标准分 7 个等级 34 项内容，主要保障的内容是高等级的伤残，以肢体残疾和关节功能丧失为主。

2013 年 6 月 8 日，中国保险行业协会推出了《人身保险伤残评定标准》，这个标准和工伤残疾的标准是不一样的。如果是工伤意外的话，那么可能需要两份定残报告。在新的标准里面，分为 8 大类 10 个等级 281 项内容，增加了神经精神、烧伤残疾、消化/代谢和内分泌系统功能障碍，并且增加了 8～10 级伤残，让评残包含的范围更宽广了。

在赔付方面，举个例子：如果定为一级伤残，那么是按照 100% 赔付，十级伤残，是按照 10% 赔付，中间的伤残等级每严重一级，赔付增加 10%。

在新的伤残评定标准里面，还有一项需要注意的就是，如果有两种不同的残疾被评为同一等级，那么在伤残评定的标准上加一级。也就是说如果被保险人伤残评定评了两个二级伤残，那么最终伤残评定就是一级。

2.3.1　意外险最重要的是什么

我们上一节已经提到了，意外险最主要保障的是意外身故和意外伤残。

意外身故责任，其实在寿险责任里就有包含，寿险保障的就是意外身故和非意外身故。

意外伤残责任，有部分责任其实也被重疾险包含了。比如说全残，全残其实和很多比较严重的意外伤残相重合了，如表 2.1 所示。

表 2.1　全残定义以及《人身保险伤残评定标准》中对应项目的分级

全残	意外伤残
双目永久完全失明	双侧眼球缺失 /1 级 双眼盲目 5 级 /2 级
两上肢腕关节以上或两下肢踝关节以上缺失	两肢体缺失（上肢在肘关节以上，下肢在膝关节以上）/2 级
一上肢腕关节以上及一下肢踝关节以上缺失	两肢体缺失（上肢在腕关节以上，下肢在踝关节以上）/3 级

续表

全残	意外伤残
一目永久完全失明及一上肢腕关节以上缺失	一肢缺失（上肢在腕关节以上，下肢在踝关节以上）/6 级
一目永久完全失明及一下肢踝关节以上缺失	一眼盲目 5 级 /7 级
四肢关节机能永久完全丧失	三肢以上完全丧失功能 /1 级
咀嚼、吞咽机能永久完全丧失 （牙齿以外的原因引起的器质障碍或机能障碍）	有颌骨及牙齿缺失对应的伤残
中枢神经系统机能或胸、腹部脏器机能极度障碍，终身不能从事任何工作，为维持生命必要的日常生活活动，全需他人扶助的	四肢瘫（三肢以上肌力小于等于 3 级）/1 级

还有部分高等级伤残在全残里面也有所体现，但未收入上表中。如双耳失聪，对应的双耳听力损失大于等于 91 分贝且双侧耳廓缺失，在意外伤残里属于 2 级，耳廓不缺失，属于 4 级，这一条在重疾险里也有对应的条款。

虽然部分严重的伤残重疾险能保障，但是身体的三度烧伤、偏瘫等其他较严重的伤残，却没有保障到。这里引出来两个问题。

（1）意外险杠杆高

同样的 100 万元保额，20 年交，30 岁的人，重疾险年交保费大概是 2 万元左右。

而 100 万元的意外险保额，每年缴费，保费却通常不会超过千元。保费低的原因，一方面是保障期为一年，时间短，另一方面是保的是意外，有极高的射幸性，不是一定会发生的。

据数据统计，我国残障人士已超过 8500 万。一旦残障，那面临的不仅仅身体和心灵的重大打击，更是对未来生活的考验。

众所周知，残障人士面临两大困难：就业难，支出高。在收入降低了的基础上还要承担自己可能的高支出，这是一个难解的问题。所以意外险非常需要高保额，一个高的杠杆，意味着我们可以用更低的保费"撬动"更高的额度。如果未来不幸发生，起码在经济上可以有所保障。

（2）意外险保得全

前面我们看过重疾险中全残和意外伤残的对比，可以看出来，其实部分意外伤残，在全残里面是有所体现的，并且这部分相应的责任，在重疾险里面也有所体现。

也就是说，对这部分的伤残，其实很多保险公司中的重疾险都可以提供保障。

那么，我们为什么还需要意外险呢？因为意外伤残包含的伤残范围更广，《人身保险伤残评定标准》中的8大类281项，在重疾险里能涵盖到的只有十几项，而更多的内容，只有意外险才能保障。

【小结】

意外险中的伤残责任十分重要，是其他保险产品难以替代的，且意外险的高杠杆，让我们能得到更高的保障。

需要注意的是，保险公司使用的意外险《人身保险伤残评定标准》，是不是2013年发布的那版，现在市面上在售的保险产品可能还有极少数使用的是旧标准。使用旧标准的保险产品虽然便宜，但是其在意外伤残项目上的缺失，可能是我们得不到理赔的关键。

2.3.2　电销意外险，想说爱你不容易

相信很多人都接到过有关意外险的销售电话，其内容听起来往往十分诱人。如：总保额200多万元，一个月的保费却只需要两三百元，交10年就可以保30年；最重要的是，等到30年以后，交的所有钱还都可以返还回来，相当于不花钱买了30年的保障。

综合前面讲的内容，我们知道意外险重要的是保得全、杠杆高，且伤残责任难以用其他产品替代。

所以，电销意外险真的可以达到我们的预期吗？让我们随便选一个电销

意外险来看看吧。

以某保险公司推出的产品"××××人身意外伤害保险"为例，在其介绍页有一个例子。

30岁男士，附加意外保额20万元，交10年保30年，每月交509.78元，也就是一年交6117.36元。

他得到了哪些保障呢？

- 民航客机意外保额200万元+已缴纳保费的140%
- 轮船意外保额60万元+已缴纳保费的140%
- 火车意外保额60万元+已缴纳保费的140%
- 私家车意外保额60万元+已缴纳保费的140%
- 汽车意外保额60万元+已缴纳保费的140%

需要注意的是，这些指的都是意外身故的额度。如果是普通意外及意外伤残的话，那么额度就只有20万元，并且这20万元是按等级比例赔付的，如果是10级伤残，赔付额度就只有2万元。

从以上例子，我们可以看出这种保险主要有两个问题。

（1）保障范围不够全面

电销意外险通常只有公共交通和私家车的意外保额稍微高一点，溺亡、骑单车摔伤等情况，都是得不到保障的。而普通意外情况的保额相当低，只有20万元，且公共交通和私家车的额度是指意外身故的额度，不死不赔。

如果开车出了车祸，导致三级伤残，不是按照60万元来算，而是按照20万元的意外伤残的额度来赔付。

（2）杠杆较低

前面有提到，普通意外保险，100万元的额度，保费通常不高于1000元，在某些保险企业里，更是一年两三百元就能投保到100万元保额的普通意外保险。那么我们就知道了，同样的保费，购买普通意外险可以得到电销意外险10倍甚至更高的保额，了解了这些，大家就明白电销意外险值不值得购买了。

2.3.3 意外险的条款，有哪些不得不注意的关键

（1）条款本身

意外险和医疗险一样，通常是财产险公司推出的。这一部分产品的条款属于报备条款，同一个条款可以对应多个不同的产品。所以这部分的条款在描述的时候会比较笼统，不会过于详细。我们经常可以看到当下推出的某些意外险，引用的条款仍是2014年报备的。

所以在看条款的时候，一定要注意有没有特别约定。对于很多条款里面没有描述明确的内容，经常会以特别约定的形式来体现。

（2）条款的细节之处

前面已经讲解了意外身故和意外伤残的具体情况，那现在我们再来看看，条款还有哪些细节需要注意。

1）意外险除外责任比重疾险的要多很多。

除了一些疾病类的情况，意外险还对于一些意外风险较高的项目进行了除外：

①因被保险人挑衅或故意而导致的打斗、被袭击或被谋杀；

②中暑、猝死、食物中毒、药物过敏；

③整容整形手术；

④潜水、跳伞、攀岩、探险活动、武术比赛、摔跤比赛、特技表演、赛马、赛车等活动期间。

不同的条款会有细微的区别，像食物中毒，通常如果是一个人发生的话，是不会赔付的，但是如果是群体性食物中毒，则有理赔的可能。

2）意外医疗存在医院限制。

不同意外险产品对医院的要求不同，大部分产品写的是二级及以上公立医院普通部，那么被保险人就只能去二级及以上公立医院的普通部。

如果写的是二级及以上社保定点医院，那部分社保定点的二级及以上私立医院，也是可以去的。

在医院的释义里，如果没有限制必须是二级及以上医院，只要求是符合资格的医院，那么私立医院也是可以的，有的意外医疗甚至还允许到海外医院就医。

有的条款上还会特别注明，如果急救则不受医院限制，但是情况稳定后需要转院。有这类条款的，被保险人在首诊且急诊时，在附近就诊就可以得到理赔，不过有这个条款的产品相当少。

3）要注意意外医疗的免赔额和赔付比例。

需要注意的是，很多意外险非常便宜，但是它在免赔额和赔付比例上存在问题。

比如，保费便宜了100元，但免赔额是200元，赔付比例按90%，那么只要理赔一次，这便宜的100元保费，分分钟就"赔"进去了。赔付比例按90%的话，赔付金额越高，少赔的钱也就越多。

所以，保费差不多的情况下，一定要优先选择0免赔100%赔付的产品。100%赔付也有区别，有的写明了只赔社保内费用，而没有写这句话的，就是不限社保内费用。

不限制的肯定能赔付更多，并且被保险人在就医时选择自费药的心态也不一样。

4）意外医疗存在时间限制。

意外事故涉及的情况，有的时候比较严重，但是意外险又是只保1年的产品，如果是严重的意外事故，治疗时间超过保障时间的也不少见。所以意外医疗通常会限制治疗时间，通常是意外事故发生之日起180日内，也就是半年内的治疗及复查，都可以理赔。

但如果是180日后的治疗及复查，就不能再获得意外医疗的赔付了。

也有的意外险产品限制的治疗时间是1年内，这个在理赔的时候需要注意复查时间。

2.4 医疗险

在保障类保险里面，医疗险属于低保费、高保障、理赔门槛低的典型。

但是医疗险里面需要注意的地方，你未必知道，本节将为你解读医疗险需要注意的地方。

2.4.1 过去的医疗险

随着第一款百万医疗险的推出，这几年医疗险市场风起云涌，相当一部分的保险公司都推出了类似的产品，可以说是整个市场都经历了一番革新。

但如果你在 2016 年之前就已经投保过医疗保险的话，那么你可能会发现当时买的医疗险和现在主流的医疗保险其实并不一样。

所以在这里，我们先讲讲医疗险以前是什么样的，让 2016 年以前买医疗险的人，对自己投保的产品有一定的了解。

在 2016 年之前，保险公司销售的医疗险主要分为两类：一是住院医疗定额保险，二是住院医疗保险。

（1）住院医疗定额保险

我们以某公司推出的产品"××××定额给付住院医疗保险"为例。

打开这份保险的合同，其第四条"保险责任"栏，会看到以下内容。

保险责任：

在本合同保险期间内，被保险人因意外伤害或在本合同生效九十日后（按本合同约定续保的，不受九十日的限制）因疾病在二级以上（含二级）医院或本公司认可的其他医疗机构住院治疗的，本公司按生活津贴给付日数乘以日生活津贴标准计算给付保险金。

在每一保单年度内本公司累计给付的保险金以本合同的保险金额为限。当被保险人住院治疗跨二个保单年度时，本公司给付的保险金以被保险人开始住院日所在保单年度本合同的保险金额为限。

从这段文字我们可以了解到，这一款产品其实是一款津贴型保险。

你投保的时候，保额显示的可能是 10000 元或者 20000 元，但是这并不意味着每天住院给你 10000 元。它的算法是这样的：这个产品每个保单年度最多可以赔 100 天，10000 元除以 100 天，相当于每天 100 元。

假设，10000 元的保额，被保险人住院 50 天，那赔付的额度就是 5000 元（50×100=5000），跟住院的实际花费没有关系。

也就是说，住院 50 天被保险人无论是花了 200 万元还是 2000 元，都只能获得 5000 元理赔。

这样的理赔金额，在大额的住院花费面前无异于杯水车薪。

（2）住院医疗保险

我们以某公司推出的产品"××××住院费用补偿"为例。

这个附加险的额度一般也是 10000 元或 20000 元，合同的部分理赔内容如下。

保险责任：

在本合同保险期间内，被保险人遭受意外伤害或在本合同生效九十日（按本合同约定续保的，不受九十日的限制）后因疾病在二级以上（含二级）医院或本公司认可的其他医疗机构住院诊疗，对被保险人自住院之日起九十日内所发生并实际支出的，符合当地公费医疗、社会医疗保险支付范围的医疗费用，本公司在扣除当地公费医疗、社会医疗保险和其他途径已经补偿或给付的部分以及本合同约定的免赔额后，对其余额按本合同约定给付比例给付住院医疗保险金。住院医疗保险金的免赔额及给付比例，分别按照被保险人是否参加当地公费医疗、社会医疗保险的情况在保险单上载明。

在每一保单年度内，本公司累计给付的医疗保险金以本合同约定的保险金额为限。当被保险人住院治疗跨两个保单年度时，本公司以被保险人开始住院日所在保单年度本合同约定的保险金额为限给付医疗保险金。

在这个条款里，我们可以看到，这个产品的保障限制是住院之日起90天内，且只报销社保内费用。

在投保的时候，该产品还注明了在有社保的情况下投保，报销比例是90%。

假设小明住院，住了20天，花费10万元，社保内费用5万元，社保报销了4万元，那么这个产品可以报销的是（5万 –4万）×90%，也就是说能报销9000元。

有在早几年前买过医疗险的朋友可以对号入座，那个时间段买的产品基本都是这样子。

我们也可以很容易总结出过去医疗险的特色：保额较低，保费不高，能覆盖的是一些花费较低的医疗费用。

此刻我们需要反思的一点是：

在可能高达几十万元的医疗费面前，这种医疗险的赔付额度足够吗？

2.4.2　现在的医疗险

说完了过去的医疗险，那么我们说一说现在的医疗险市场是什么样的。

在我们的支付宝、微信，甚至是信用卡的信息推送中，我们都能发现医疗险的影子：百万医疗。

"百万医疗"这个绰号，得益于它的百万元保额。

也就是说，现在市场上主流的医疗险产品，往往拥有一百万元甚至更高的保额。

这里，我们挑选出两个产品来进行简单分析，如表2.2所示。

表2.2 医疗险产品A、B对比表

对比项目		产品A	产品B
保额		300万元	200万元
保障期限		1年	5年
缴费年限		1年	5年
保障内容		住院医疗	住院医疗
重大疾病医疗		100种重大疾病，0免赔	恶性肿瘤，0免赔
免赔额		1万/年	1万/5年
每年保费	0岁，有社保/无社保	766/1586元	1003/2092元
	20岁，有社保/无社保	186/346元	285/584元
	40岁，有社保/无社保	496/1236元	716/2099元

如表2.2所示，现在的新医疗险额度普遍较高，都是上百万元的，并且包含了自费药，而不像以前的产品一样，基本只报销社保内费用。

而且有意思的是：现在医疗险的免赔额有可能比老产品的保额还要高。

现在医疗险的特色主要是额度高、免赔额高、保费不算高，主要解决的是大额的医疗费用支出问题。

此刻我们需要思考的是：

我们的医疗自费真的能牢牢地"锁"在一年1万元以内吗？

2.4.3 医疗险的"保证续保",都是骗人的

看完了百万医疗险,相信很多人会产生一个疑问,那就是:

医疗险保费也不高,保额却那么高,感觉完全够用了,那我是不是买一个医疗险就可以了呢?

因为医疗险的特性,确实会让很多人产生这样的想法。

促成这种想法产生的原因还有一点,就是在这类百万医疗险刚出来的时候,很多渠道大肆宣传"保证续保"。

那么,什么叫作保证续保?

按照《健康保险管理办法》第四条:"保证续保条款,是指在前一保险期间届满前,投保人提出续保申请,保险公司必须按照原条款和约定费率继续承保的合同约定。"

为了探究能不能用医疗险来可靠地解决我们未来的就医费用问题,我们拿2.4.2 中的产品 A 为例,来看看条款里关于保证续保的约定。

续保:

本合同期满,投保人可向保险人申请续保本合同。续保不计算等待期。

续保时保险人有权根据被保险人的年龄、医疗费用水平变化、本保险合同整体经营状况调整被保险人在续保时的费率。费率调整适用于本合同的所有被保险人或同一投保年龄段的所有被保险人,保险人不会因为某一被保险人的健康状况变化或历史理赔情况而单独调整该被保险人的续保费率。在投保人接受费率调整的前提下,保险人方可为投保人办理续保手续。

若被保险人超过 105 周岁(释义三十九),保险人不再接受投保人的续保申请或重新投保。

本合同统一停售,保险人不再接受投保人续保本合同。

在条款中,我们可以发现几个关键问题。

首先,续保的时候,保费是会进行调整的。

比如说,现在被保险人 30 岁的保费是 306 元,按合同约定,31 岁时保

费为 396 元。但如果这个保险产品理赔出现了亏损，那么保费则有可能大于 396 元。

其次，需要注意的是，这种保费调整是针对某一个年龄段或者所有被保险人的。也就是说，如果 45～50 岁年龄段理赔超额，那么可能会针对这个年龄段的所有被保险人，做单独的保费调整，或者对所有年龄段的被保人的保费都做调整。

最后，最重要的一点是：停售＝断保。

也就是说，一旦停售，这个产品就不能再买了。

在停售的时候，不论这个人是没有出险，还是出险了已经治好，或者是出险了一直在医院里治疗，都不能再继续买这个产品了。

在讲完这些以后，相信你对医疗险不能保证续保的问题有了一定的了解。

但是你可能会说，如果我买一个 5 年期的医疗保险，是不是就等于变相续保了？

在这里，首先讲一讲，为什么有的公司出的产品是 1 年期，有的公司出的产品是 5 年期。

因为《保险法》对于财产险公司出的保险产品有要求，那就是，财产险公司可以经营短期健康保险业务。

短期健康保险业务指保险期间在 1 年及 1 年以下且不含有保证续保条款的健康保险。

所以，财产险公司推出的医疗保险，基本都是 1 年期的。

那些 5 年期、6 年期的医疗保险，往往出自寿险公司或者是健康险公司。

在早几年前，甚至有寿险公司出过一款终身保证续保的产品，不过额度很低。

所以，有些财产险公司虽然眼热健康险、寿险公司能出 5 年期产品，却也无可奈何。

可 5 年期医疗保险续保的稳定性就一定优于 1 年期医疗保险吗？

不一定。

因为5年期的产品，没有1年期的灵活。

比如说，在第8年的时候，产品开始出现亏损，连续亏损了2年。在第10年的时候，对于1年期的产品，可以去赌第11年，也就是下一年可能会盈利，如果到时候继续亏损再停售。

但是，对于5年期的产品，在第10年的时候，它要赌的是下一个5年。顶着连亏5年的压力去继续这个产品，和看看下一年亏不亏再做打算相比，这可不是一个容易的选择。

所以这里的回答只能是一个问号。

2.4.4 合理且必需

之前听闻过一个故事，一个被保险人住院以后，吃饭的时候点很多外卖，然后等到出院后，拿着票据去找保险公司办理赔，结果拿不到赔付。

虽然故事有夸张的成分，但也说明住院的费用，并不是什么都可以赔的。

比如说住院期间的餐饮费用，通常指的是：住院期间根据医生的嘱咐，由作为医院内部专属部门的、为住院病人配餐的食堂配送的膳食费用。

去点外面的食物来报销，这个在医疗险的理赔中就属于不合理费用。

还有一点是，什么是必需？

当被保险人生病时，医生会给出一个用药建议，比如说A药需要注射多久，B药要多少粒，吃多久。

如果被保险人主动要求医生开一个C药，但这个C药跟病情并没有关系。又或者是B药要求开的剂量远超过正常的开药标准。那么这些在医疗险中都算作不合理且不必需的。

我们可以看看医疗必需的定义。

医疗必需：指医疗费用符合下列所有条件。

1）治疗意外伤害或者疾病所必需的项目；

2）不超过安全、足量治疗原则的项目；

3）由医生开具的处方药；

4）非试验性、非研究性的项目；

5）与接受治疗当地普遍接受的医疗专业实践标准一致的项目。

当然，如果说是医生给出两个选项，一个是国产药，便宜但是可能效果没那么好，一个是进口药，贵但是效果好，那么我们去选进口药，也是属于治疗必需且合理的。

2.4.5 住院医疗险为什么可以报销门诊费用

买了住院医疗险的朋友，可能会疑惑一点，就是住院医疗险可以报销住院费用，这一点可以理解，但是住院医疗险跟门诊有什么关系？

其实在住院医疗险里，和门诊有关的内容有两点，即住院前后门急诊和特殊门诊。

（1）住院前后门急诊

第一点是住院前后门急诊，常见的条款如下所示。

住院前后门急诊医疗费用：

指被保险人经医院诊断必须接受住院治疗，在住院前7日（含住院当日）和出院后30日（含出院当日）内，因与该次住院相同原因而接受门急诊治疗时，被保险人需个人支付的、必需且合理的门急诊医疗费用（但不包括特殊门诊医疗费用和门诊手术医疗费用）。

对于以上费用，保险人在扣除约定的免赔额后，依照约定的给付比例进行赔付。保险人对于以上费用的累计给付金额之和以本合同约定的一般医疗保险金的保险金额为限，当累计给付金额之和达到一般医疗保险金金额时，保险人对被保险人在一般医疗保险金项下的保险责任终止。

这个条款是说，在住院前7天、出院后30天内产生的门急诊费用也可以得到赔付。

有的条款会用小字写出这一条来，建议已买医疗险的读者查看一下，自己买的保险有没有这一条。

毕竟有的时候医院床位紧张，一旦发生可能要住院的情况，医院为了节约床位，可能会让门诊先把大部分检查做完，然后再去安排住院。

这样的话，会有不少的费用变成门诊的费用，而住院之后，一般也还需要回医院去做复查等。

所以有这一条条款，对于客户来说非常有利。

现在很多保险公司已经推出了住院前后门急诊、住院都能赔的条款。

（2）特殊门诊

第二点在住院保险里和门诊有关的内容，就是特殊门诊。

特殊门诊，其实指的是门诊手术、门诊放化疗、门诊肾透析、门诊抗排异等。

比如，像乳腺纤维瘤手术这种，病人基本都是在门诊做完了手术当天就走了，并不会去住院。

放化疗也是一样，有的时候是不需要住院的，当天去医院做，做完就走。

且这类手术和放化疗的支出比较高，有时甚至比一般住院都要贵，所以保险公司在这里，通常是把这些项目算进住院里的。

这里需要注意的是：保险公司有没有对单个项目进行限额，比如说，这个产品基础保额300万元，放化疗限额30万元。这样就需要注意一下，万一出了事情，就要考虑额度够不够。

2.4.6 医疗险条款还有哪些必须注意的关键

既然讲到这里，那么我们就来讲一讲，医疗险条款是什么样的。

（1）为什么医疗险的条款不变，产品却一直在变

在讲具体的条款之前，首先我们讲讲医疗险的条款是怎么来的。

医疗险和意外险，通常是财产险公司推出的，健康险公司也会推出一些，人寿公司推出的比较少。

这类医疗险属于条款报备的产品，也就是说，财产险公司拿一个条款去报备，报备了以后可以基于这个条款来设计产品。

有的时候，产品需要更新一些条款没有的内容，那么财产险公司一般是选择出批单，为条款去增加某一些内容。所以说，我们在这类医疗险里，经常会看到好多不同的产品使用同一个条款的情况，就是因为这些产品是报备条款，而不是报备产品。

（2）医疗险条款需要注意的点

在前面，我们主要讲的都是一些保障内容：这个产品保什么。

一个医疗险主要由保额、保什么、有没有住院前后门急诊、特殊门诊以及免赔额构成。

确认完这些内容以后，我们来看看，有什么是我们可能觉得会赔，但是实际上不会赔的内容。

1）已经在其他途径获得医疗费用补偿的，是得不到赔付的，能赔付的只有其他渠道没有赔付过的部分。

2）以社保身份投保，没有以社保身份就诊并结算的，会降低赔付比例。一般这个赔付比例是60%。

3）康复性医疗器具无法得到报销，包括但不限于义肢、义齿、义眼、助听器等。

4）孕产和齿科费用，大部分医疗险很少包含，基本属于特定条款才会保的内容。

5）高风险运动不赔，如滑雪、滑冰、攀岩、滑翔伞等。

6）既往症不赔。其实像百万医疗险，很多在投保的时候要求非常宽松，基本大部分人都能买。但是条款里有一条：既往症不赔。既往症一般定义如下。

既往症：

指在本合同生效前罹患的被保险人已知或应该知道的有关疾病。通常有以下情况：

①本合同生效前，医生已有明确诊断，长期治疗未间断；

②本合同生效前，医生已有明确诊断，治疗后症状未完全消失，有间断用药情况；

③本合同生效前，未经医生诊断和治疗，但症状或体征明显且持续存在，以普通人医学常识应当知晓。

也就是说，虽然很多内容不需要告知，但是这不意味着一定会赔付。

说完了以上6点不赔付的内容，我们再接着看一下条款中还有什么需要注意的地方。

7）职业或者工种变化，必须在30日内以书面形式通知保险公司。如果职业或者工种在拒保范围内的，有可能会被拒赔。

8）医疗险的诉讼时效是2年，也就是说，如果和保险公司有理赔纠纷，一定要在事故发生之日起2年内发起诉讼。

2.5　年金险

年金险这个险种，对于被身边的保险推销员"轰炸"过的人来讲，一定不会陌生。

这是每年过年期间保险推销员的主要"轰炸"项目，也是每次产品推介销售说明会的重点推荐产品。年金险的广告词一般让人觉得它挺实惠的，好像买了就可以变成小富翁，如"永久复利5.3%"。

那么，年金险到底是不是这样子呢？我在这里，为你揭开年金险的面纱。

2.5.1　过去的年金险

照例我们先讲一下过去的年金险是什么样的。

在1995年左右，很多父母都给孩子买过一种保险，一份三百多元，等孩子上大学的时候，可以领一部分钱；25周岁时，可以领一份婚嫁金；60周岁时，可以领取养老金。

这类产品的实际内含报酬率大概是6%，是终身范围内确定能拿到手的，这个回报率可以说是秒杀了现在很多的理财产品了。

这份保险存在的背后原因，是当时银行的定存利率可以高达百分之十几，保险公司预定利率10%，客户到手6%。这对于保险公司来说仍然是有利润的。

到了1996年下半年开始，银行五年定存利率陡降，这个时候，保险公司发现这种产品"扛"不住了，于是产品的预定利率也降低了很多。

1999年保监会出台文件，要求人身长期险种预定利率最高不超过2.5%。

到了2013年，随着多年持续的经济上涨，保监会认为可以适度放宽一点，下发了相关文件，要求2013年及以后的普通型人身保险保单法定评估利率为3.5%，但是普通型养老年金或保险期间为10年及以上的其他普通型年金保险，上限为法定评估利率的1.15倍和预定利率的较小者。

体现到实处，就是10年及以上的年金保险和养老型年金的评估利率，变成了最高4.025%。

2015年，保监会放开了万能险最低保证利率，最低保证利率从3%升到了3.5%。

如果在2015年到2017年间买了年金保险的，享受的基本都是近十几年来最优的年金利率，万能账户保底很多都在3%～3.5%。

到了2016年，保险行业的投资利率已经持续下降了几年，再加上3.5%保底的万能账户大卖，可能是为了防止利差损的出现，保监会发文，要求在2017年停售保底3.5%的万能账户产品，并且新产品的保底利率最高只能3%。

在2019年，银保监会发文要求，将2013年发布的公文里面，普通型养老年金或保险期间为10年及以上的其他普通型年金保险，可以上涨到的1.15倍取消，也就是最高的评估利率在3.5%，并且保险公司需要补交相应的责任准备金。

所以，如果你买过年金险，随着你投保的时间不同，你手里的产品会随着政策和市场一直在变化。

2.5.2　现在的年金险

说完了过去，我们再说说现在的年金险。

当下市场上的年金险主要分成两种：普通年金险和养老型年金险。

（1）普通年金险

普通年金险，我们以某保险公司2019年的主打产品"××××年金保险（庆典版）"为例。

我们看看这个产品的具体情况。

假设投、被保险人为30岁男性，其首年保费为10万元，缴费期5年，保10年，保额是38810元。万能账户第一年开户费用为100元。

他的领取条件如下：第6年起，每年领取年交保费10万元，领到第10年，一共5年。期满后次年可领取保额，38810元。

我们列个缴费和领取数据表看看，如表2.3所示。

表2.3　缴费和领取数据一

时间	缴费/元	领取/元
第1年	10.01万	
第2年	10万	
第3年	10万	
第4年	10万	
第5年	10万	
第6年		10万
第7年		10万
第8年		10万
第9年		10万
第10年		10万
第11年		3.881万

从表 2.3 中可以看出来，一共缴费 50.01 万元，领取金额一共是 53.881 万元。

这个是产品的第一层。

产品的第二层，是在年金的基础上，增加一个万能账户。因为拿来买年金保险的钱，通常都是可以放十几年不动的钱，那么这个钱中途不领取的话，放在万能账户里，还可以享受二次增值。

我国的年金保险，一般保底利率为 2.5%、4.5%、6%，以此分为低、中、高三档。

这款产品配套的万能账户叫"××××终身寿险（万能型）"，保证的最低年化利率是 2.5%，截至 2019 年 10 月其实际利率为 5.3%。

也就是说，前面所说的，从第 6 年领到第 10 年的钱，如果中途不领取，就可以放到这个账户里，享受二次增值。

需要注意的是，如果说我们每年按照要求存钱及领钱，那么这个保单的实际内含报酬率是复利 1.79%。如果说我们每年不领钱，且这笔钱每年按照 5.3% 复利增长，在第 10 年期满的时候，账户价值应为 624057 元（按保险公司计划书精算后显示），这个时候，保单的实际内含报酬率是复利 3.2%。如果说我们每年不领钱，且这笔钱每年按照 2.5% 保底利率复利增长，在第 10 年期满的时候，账户价值应为 575776 元（按保险公司计划书精算后显示，后同），实际的内含报酬率是复利 2.03%。

这种在 5 年后就开始每年领取的年金保险产品，有几个特点：

1）领取额较低，领取时间较长，很多类似的产品是需要终身领取的；

2）账户利率不等于我们实际交的钱能拿到的利率，我们进账户的钱是保险公司每年返还的钱。

（2）养老型年金险

因为当下正处于养老型年金险即将更新的时候。旧的产品保证利率较高，正在逐步下架，新的产品保证利率较低，出的不多。由于不知道旧的产品什么时候会全部下架，现在我们先随机拿一个产品来举例说明。

我们以当下市场上比较热门的某养老型年金险产品为例，该产品具体情况如下。

假设，30 周岁男性作为投、被保险人，每年缴费 10 万元，交 5 年，保终身，保额 62763 元，开始领取年龄为 60 周岁。万能账户第一年开户缴纳 1000 元。

他的领取条件是这样的：从 60 周岁起，每年领取 62763 元，领取终身。

我们依然列一个表看看领取数据，如表 2.4 所示。

表 2.4　缴费和领取数据二

时间	缴费/元	领取/元
第 1 年	10.1 万	
第 2 年	10 万	
第 3 年	10 万	
第 4 年	10 万	
第 5 年	10 万	
第 6 年至第 30 年	0	
第 31 年		6.2763 万
第 32 年至身故		6.2763 万

从表 2.4 中可以看出来，总计缴费 50.1 万元，年龄越高，累计领取的钱越多。

以上是养老型年金险的第一层。

养老型年金险的第二层，就是在年金险的基础上，添加了一个万能账户。但是因为养老型年金险的特性——退休开始领钱，所以基本上钱需每年领出去，放在账户里继续增值的需求并不是太高。

需要注意的是，如果说我们每年按照要求交钱及领钱，那么这个保单的价值在客户 80 岁时，是已领年金加现金价值，实际内含报酬率是复利

3.97%。如果说我们每年不领钱，且这笔钱每年按照 5% 复利增长，在 80 岁的时候，生存总利益应为 3616677 元，这个时候，保单的实际内含报酬率是复利 4.2%。

如果说我们每年不领钱，且这个每年按照 3% 保底利率复利，在 80 岁的时候，生存总利益应为 3105125 元，实际的内含报酬率是复利 3.87%。

这种年金险的特点是：

1）退休开始领钱，领取周期长、领取金额较多；

2）账户利率不等于实际到手利率，但是因为领取开始时间较晚，所以万能账户意义并不是很大；

3）确定收益、账户利率的增加对实际报酬率的增加影响不大。

说完了现在市场上销售的两类年金险的具体情况，我们再来说说购买年金险应注意的一些关键问题。

2.5.3 你一定不会知道，你买的年金取钱限制这么高

普通的年金保险我们已经提过，是从第六年开始返钱，如果这个钱不领取的话，是可以放到万能账户里复利增值的。但是，如果我们想取出这个钱，并没有我们想象的那么简单。

前文里我们提到过，在 2016 年，当时的保监会发文，要求降低万能账户的保底利率。但是在 2017 年，保监会又发了一个文件——《中国保监会关于规范人身保险公司产品开发设计行为的通知》，在这个通知里，有三点很重要。

1）两全保险产品、年金保险产品，首次生存保险金给付应在保单生效满 5 年之后。

2）每年给付或部分领取比例不得超过已交保险费的 20%。

3）保险公司不得以附加险形式设计万能型保险产品或投资连结型保险产品。

第一点体现得非常明显，前面我们举例的两个产品，都是从第六年及以

后才开始返还,所以短期内迅速返还的年金险已经成了过去式,年金险强制性成为长期才能见到收益的产品。

第二点其实很多人都忽略了,因为往往它都"藏"在条款里一个不引人注意的地方,大部分保险销售人员并不会去重点介绍。

这一条需要跟第三点联合起来看。

我们已知年金保险是可以和万能账户同时买的,每年的年金如果不领取,就可以自动转到万能账户里复利生息。万能账户是单独的主险,每年年金险里转进去的钱算我们交的保费。

但是每年部分领取的比例不得超过已交保费的 20%。也就是说,第六年,年金险返还 10 万元,这 10 万元进了万能账户,我想领的话,只能拿出来 2 万元。第七年,年金险又返还了 10 万元,这 10 万元进了万能账户,我想领的话,只能拿出来 4 万元。

唯一的解决办法,就是不用万能账户,但是对于普通年金保险,有账户和没有账户,对利率的影响还是很大的。这一个组合,可以让保险行业抗挤兑的能力更强、更稳定。

在 2017 年 4 月之后买了年金保险的人,一定要看看自己的万能账户保险里有没有这一条限制。

2.5.4 年金险五十年翻五倍,你却不知道你亏大了

前面 2.5.2 中提到的"××××年金保险(庆典版)",如果被保险人每年领取,实际的复利是 1.79%。这个利率很明显较低。但是在平时,我们经常会接触到一些宣传交几十万元变成几百万元的年金险,听起来十分诱人。那么这样的保险复利到底是多少呢?我们来找个产品一起研究研究。

以某保险公司 2018 年的年金险产品 C 为例,该产品的具体情况如下。

假设投、被保人为 30 岁男性,每年交 10 万元,交 5 年,保额 26141.74 元,其领取情况为:

35 岁（第 6 年），领取 5 万元；

36 岁（第 7 年），领取 5 万元；

37～64 岁，每年领取 5228.35 元；

65～69 岁，每年领取 7842.52 元；

70～74 岁，每年领取 10456.7 元；

75～79 岁，每年领取 13070.87 元；

80 岁到身故，每年领取 15685.04 元。

如果万能账户按照 4.5% 的中档利率和中档分红来演示，缴费一共 50 万元，在 80 岁的时候，生存总利益变成了 3172782 元，价值翻了 6 倍还多。

如果万能账户按照 1.75% 的保底利率和低档分红来演示，缴费一共 50 万元，在 80 岁的时候，生存总利益变成了 1236742 元，就只翻了 2 倍多。

那么，其实际内含报酬率到底是多少呢？

如果按"账户利率 4.5%+ 中档分红来"算的话，实际内含报酬率是 3.92%。

如果按"账户利率 4.5%+ 低档分红"来算的话，实际内含报酬率是 3.07%。

如果按"账户利率 1.75%+ 低档分红"来算的话，实际内含报酬率 1.9%。

如果说我们不放在万能账户，每年领取呢？

在 80 岁的时候，实际内含报酬率在 1.97% 左右。

翻几倍看起来很诱人对不对，但是我们要清楚，实际上中档分红对应的内含报酬率仅为 3.92%。并且需要注意的是，账户利率是有 1.75% 保底的，但是分红却没有保底，并且我们也看不到公开的既往分红数据，因此分红可能为 0。

所以，不要看到翻了好几倍就感觉很好，有以下几点需要注意。

1）看保底利率是多少；

2）看是纯年金还是"年金+分红"，纯年金更为确定，"年金+分红"的模式，分红是不确定的；

3）看实际内含报酬率，时间是有价值的，即使翻了6倍多，实际复利也才3.92%，并且里面还有相当一部分的分红是无法确定的。

2.5.5 年金险的条款有哪些必须注意的关键

选年金险很简单，最重要的指标就是有内含报酬率（IRR），同样预定利率的产品，IRR能差出来很多。但是，在IRR之外，还有一些条款应该注意。

（1）有没有减保取现

有的时候，可能突然需要一笔钱，但是又不需要整单退保，如果有减保取现功能，就可以部分退保，剩下的部分继续享有年金保障权益。

（2）万能账户的初始费用、管理费用、追加费用

当下的产品，费用一般如下。

初始费用针对的是第一次进入账户的钱，一般是保费的1%～3%；

管理费用针对的是每年的管理费用，有可能是保费的0～1%；

追加费用针对的是每一次追加的保费，有可能是保费的1%～3%。也就是说，每年的年金转进万能账户都会有追加费用。但是有的保险公司会给一个保单持续奖金，如从第五年开始，奖励客户上一保单年度保费的1%。也就是变相地减免了追加费用。

（3）退保费用

退保费用通常是按照如下规则收取：

第一个保单年度退保，收取保费的5%；

第二个保单年度退保，收取保费的4%；

第三个保单年度退保，收取保费的3%；

第四个保单年度退保，收取保费的2%；

第五个保单年度退保，收取保费的1%；

第六个保单年度及以后退保，不收取手续费。

也就是说，前五年没有年金，如果我们自行往账户存了钱，那么存进去的钱要先收取一份追加费用；如果前五年退保的话，根据领取时的年限，收取一定的退保费用。

2.6 旅行险

旅行，其实就是从我们熟悉的地方去别人熟悉的地方。这句话确实很有道理，但是去旅游的地方虽然当地人已经很熟悉了，可是对于我们来说，是一片完全陌生的地方，甚至有时候连语言都不通。

所以在出去旅行的时候，我们可能会有一些特殊的担忧。比如：水土不服导致身体不适，需要看病就医，但语言不通，出行不便；出现急病或者意外事故以后，和当地的机构沟通不顺畅，无法尽快就医/解决问题；消费水平不同，国内救护车可能几百块钱一次，某些国家可能上万一次。

除了以上提到的，可能还会有更多的情况。去到一个陌生的城市是新鲜且有意义的，但是我们也希望万一发生意外，能够有保险公司的帮助，来让我们玩得开心，玩得放心。

2.6.1 现在的旅行险是什么样的

旅行险通常有境内旅行险和境外旅行险的区别，且因为旅行一般都是短期，所以旅行险通常是按天数来投保的。少部分有境外务工需求的人，可能在境外一待就是一年，这些人可能对于自己在国外的生活也存在担心，所以少部分的境外旅行险也可以做到投保一年（且不要求中途回国）。

有人可能会想，那我在国内需要去异地工作怎么办呢？这个就买正常的普通保险就可以了，现在投保的医疗保险、意外保险这些，一般都是全国通赔的。

旅行险的主体内核，其实是意外险。

前面我们有写过意外险是什么，旅行险里面包含的普通意外责任和意外险是一样的。现在旅行险主要包括以下内容。

（1）意外伤害

意外伤害，包括意外身故和意外伤残。

这里面的意外伤残，也是根据《人身保险伤残评定标准》按照伤残的等级赔付。

境内旅行险的话，理赔按照意外险的普通理赔流程来走。

境外旅行险，意外身故的理赔，在意外险理赔的基础上，还需要中国驻所在国使、领馆或保险事故发生地政府有关机构出具的死亡证明/验尸报告。

意外伤残的理赔，是需要回国做评残的。不过评残一般都是事故发生之日起180天后做的，通常这个时间范围内回国问题不大。

（2）医疗责任

旅行险的话，医疗责任主要有两种：一种是意外医疗，另一种是医药补偿。

意外医疗很好理解，因为意外事故导致的医疗费用，就可以申请理赔，且意外医疗不区分门诊还是住院。

医药补偿的话，和我们平时理解的比较纯粹的意外医疗或者疾病医疗不太一样，它主要针对的是紧急状况下的医疗。

疾病医疗这一部分，主要包含的是急性病，像阑尾炎突发、急性肠胃炎，或者身体突然不舒服之类的情况。而一些慢性病，比如说脊椎病、扁桃体相关的疾病等，就可能不属于保障内容。

(3) 医疗运送和送返

在外旅游的时候，医疗运送和送返是一项很重要的保险责任。因为很多旅游胜地，医疗或者经济并不是那么发达，当我们在旅游期间需要就医的时候，当地的医疗机构可能无法提供我们合适的治疗，这种情况下就需要转院。

如果说在国内的话，我们通常往大城市转，随便网上搜一搜就知道哪个医院比较好，主要看符不符合转院条件或者对方医院愿不愿意接收。

当我们在国外旅行的时候，如果是英文国家可能还相对好交流一点，其他语言的国家，我们可能无法进行正常的沟通，并且转院也不知道往哪个医院转。

那么医疗运送和送返就可以提供这个服务。它不仅仅能帮我们协调医院接收，还能帮我们选择好转院的方式，可能是救护车也有可能是飞机，同时承担了我们转院的费用。

如果在就医过后，救援机构认为有必要送返的，还会安排将被保险人送返到证件所在地区。

需要注意的是，目前保险公司提供的医疗运送和送返，基本都是第二现场救援，也就是从医疗机构开始，而不是事发当地的第一现场救援。

(4) 旅行者随身财产

在外旅行的时候，更要注意财产安全。

而境外旅行险通常也包含了随身财产责任，也就是当你身上的财产，像手机、钱包，甚至是护照，遭到偷窃、抢劫等，或者因为服务供应商导致你的财产丢失时，那么保险公司就可以给你一定的补偿。

不过需要注意的是，理赔的前提是拿到当地警方的报案回执，或者拿到服务供应商提供的书面证明。如果在外遇到了盗窃，但你没有报案的话，是无法得到理赔的。

(5) 延误

延误分为航班延误和行李延误两种。

航班延误比较常见。国内的有些航班因为各种原因，经常延误，所以现在的境内旅行险渐渐取消了航班延误责任。此外，境外旅行险也在削减航班延误责任的理赔，2019年就有一家保险公司，增加了航班延误的理赔要求，比如说必须是直飞延误才能理赔。

从某些应用程序，比如微信，可以获取到赠送的航班延误险，这类航班延误险通常赔偿金额不高，同时需要注意，转机航班延误是不理赔的。上次我乘坐的航班，第一程航班到达后，第二程航班取消，但因为是转机延误不理赔，所以没有得到任何赔偿。

行李延误一般伴随着航班延误，少部分情况下，会有航班正点到达，但是飞机里有少数行李遗落的情况。行李延误的理赔要求通常比航班延误要高，航班延误可能延误5小时赔偿300元，行李延误可能就是延误8小时赔偿500元。

要注意的是，延误的理赔，一定要拿到航空公司的相关证明。

航班延误需要拿到航班延误证明，千万不要以为拿着机票就能理赔了。

行李延误也需要航空公司开出证明，这种延误证明都很好办理，一般跟工作人员说明下情况，对方就会带你去办理了。

（6）个人及宠物责任

出门在外，以大多数人的旅行习惯，基本都是一两天换一个地方，很少会一直停留在同一个地方。在这个过程中，我们不可避免地要和很多陌生的人、陌生的事物进行接触，因为需要注意的事情太多，很可能一不小心就造成了他人的损失。

所以在旅行险里面，很多保险公司都特地增加了一个个人及宠物责任。如果因为我们不小心而使他人利益受损，那么保险公司会对这方面的费用进行理赔。需要注意的是，故意行为、刑事责任以及像古董、珠宝之类不好估价的物品，是不会得到理赔的。

（7）某些原因导致的旅行变更

旅行，通常都是有计划的行程，但是有计划就会有变化。虽然我们在一些日常事情上都安排妥当了，比如说工作请假、不安排朋友聚会等，但是仍然有一些不可抗力的事情可能会出现。

比如说遇到暴乱事件，或者台风之类的恶劣天气，甚至地震等，这些都有可能会导致我们精心准备的旅途变成一场空。除了天灾，还有可能出现直系亲属突发疾病之类的，需要我们去医院陪伴，这种情况下，也基本都会取消行程。

那么旅行变更责任，就是对我们面对这种不得不取消旅行的情况时，所做的一些补偿。当然在这些责任理赔时，也是需要提供一些必要材料的。根据不同的情况，准备的资料也不太一样。

说完了旅行险的基础责任，其实还有很多整体需要注意的地方，接下来我们来说一说细节。

2.6.2 投保旅行险的时间，最好是出发的前一天或之前

境内旅行险的生效日期通常是这样写的：

保险责任的开始时间以下列情况中最迟发生的时间为准：

1）保险单所载的保险期间起始日；

2）被保险人在本合同有效期内离开其境内日常居住地或日常工作地所在的市级行政区域或搭乘公共交通工具直接前往其境内日常居住地或日常工作地所在的市级行政区域之外的旅行目的地。

也就是说，要求的生效日期是保单生效日和离开常居地之时中最晚发生的那一个。那么出发当天投保的话，也就是说保单生效日在次日。因为保险公司并没有说，保单生效日不得晚于离开常居地之时，所以这样的投保是被允许的。

如果是去境外的话，那就要注意，通常境外旅行险会注明：

本保险不承保在投保本保障计划时已置身于境外的被保险人。

也就是说，境外旅行险的最晚投保日期是离境前，也就是过海关前。一定要注意，过了海关再投保的话，这张保单是没有效力的。

2.6.3 境外旅行险过了保障期，居然还能理赔

在境外旅行期间如果受伤或者需要就医，有可能会出现两种情况：

1）保障到期，但是仍在治疗中，无法回国；

2）保障到期，可以回国，但是仍需要治疗。

在这种情况下，很多境外旅行险其实是可以提供延长赔付的。

对于第一种情况，如果是因为必需的治疗导致被保险人无法按原定计划返回，保险公司是可以直接延长保障时间的，有的保险公司规定延长不超过10日，有的可以酌情延长至被保险人回国。对于第二种情况，被保险人虽然可以回国，但是仍然需要治疗的话，不同的保险公司也有不同的相关规定。

比如，有的保险公司规定是在发生事故或生病之日起，90天内的境内治疗可以报销，有社保身份的，报销上限是保额的15%；无社保身份的，报销上限是保额的10%。

而有的保险公司在这一方面就没有社保的限制，只规定发生事故之日起180天内的治疗费用可以报销，回国以后的报销上限是15%。

虽然比例不高，但是境外旅行险的医药补偿额度通常都是三四十万元起步，15%算下来也不算太少。

当然，这些产品的最高报销额都不能超过总的医疗报销额度。

2.6.4 滑雪、潜水这些情况，为什么不能买旅行险

北海道滑雪、巴厘岛冲浪、美娜多潜水，还有各旅游地推出的滑翔伞项目，这些是很多人出去旅游希望能体验的。

但是这些项目都有一个共同点：危险。

虽然通常不会出事，但滑雪摔伤、冲浪被浪打下去碰上裂流、潜水碰上洗衣机流，诸如此类的情况，都使得这些活动远比普通的活动危险。

所以境外旅行险对于这类高风险运动，都有所限制，但是不同的公司，限制也是不一样的。

比如说潜水，像史带、安联的旅行险产品，通常都只保 18 米以内的持证水肺潜水。也就是说，被保险人只有持有 AOW/OW（进阶开放水域潜水员/开放水域潜水员）证书，且潜水深度没有超过 18 米，买这类产品才可以得到赔付。

而 AOW 的持证潜水范围是在 30 米以内，通常人们会潜到 27 米左右的深度，像这种情况就只有美亚能保了：美亚财险能保 30 米深度的持证水肺潜水。

对于滑雪运动，在史带的高风险运动描述里，写的是：包括但不限于潜水、滑水、滑雪、滑冰……

在美亚的高风险运动描述里，写的是：滑雪道外滑雪/滑雪板运动，包括但不限于冬季运动（如无舵雪橇、有舵雪橇、滑雪板跳跃或表演）。

也就是说，在史带的高风险运动里包含了滑雪，所以滑雪是不保障的。

而美亚的高风险运动没有除外滑雪，那么普通的滑雪活动是可以得到保障的。

根据以上内容，我们知道了这些运动，在不同的保险公司会有不同的限制，在投保的时候，一定要根据具体的娱乐项目来选择对应的产品。

但是对于滑翔伞、跳伞这一类的运动，目前没有保险公司推出相应的保险。

2.6.5　旅行险的条款，有什么不得不注意的关键

因为不同的旅行险之间，有较大的差异，我们这边主要以史带和美亚的条款为例进行说明。

（1）旅行险通常是财产险公司出的，属于报备条款类的产品

在史带的条款中，我们会发现，在《附加航空乘客旅程阻碍保险条款》

里面,第三条有一个"航班换乘不衔接"保障,也就是说由换乘的某些问题导致的误机,也是可以赔付的。

但是在产品说明中,又明确说明了只保直飞,换乘航班的任何延误都是不赔的。

这就体现了财产险只报备条款、不报备产品的属性。报备一个条款,适用于多个不同的产品,对于细节的不同,可以用批单的形式来解决。

(2)注意,不同的产品除外的国家不一样

虽然国内的治安很好,但是不代表其他国家也和我们一样。

有一些国家、地区长期处于战争、暴乱状态,所以保险公司会对一些国家、地区进行除外。但是不同的保险公司,可能来自不同的国家,所以其敏感的国家可能也不一样,这就导致除外会有区别。

所以如果感觉自己要去旅游的国家或地区比较有争议,一定要先看看这个国家或地区是不是被保险公司除外了。如果在这一家真的被除外了,可以再去看看别家。

(3)如果长期在国外出差,且中间不回国,投保时一定要注意

因为很多境外旅行险虽然可以买一年期,但是基本都会要求单次旅程不超过183天,也就是最少半年回一次国。

只有少部分的产品支持一年期投保,并且不要求中途回国。这个一定要注意。

第 3 章

什么才是保险的性价比

> 对我们这种"价格敏感型"客户来说，在买东西的时候，总希望自己能挑到的产品是性价比最高的。
>
> 这体现在很多地方，不管是买小件物品，还是买大件物品，买保险当然也是，但保险产品正确的性价比是什么样的，我们要怎么正确地追求性价比呢？
>
> 先举个例子：
>
> 小明买了 A 重疾险，100 万元保额，20 年交，保终身，保费 19310 元 / 年。
>
> 小亮买了 B 重疾险，100 万元保额，20 年交，保终身，保费 16360 元 / 年。
>
> 小晴买了 C 重疾险，100 万元保额，20 年交，保到 70 周岁，保费 11610 元 / 年。
>
> 小美买了 D 重疾险，100 万元保额，1 年交，保 1 年，保费 800 元 / 年。
>
> 他们都觉得自己买到了性价比最高的产品。
>
> 是不是有点奇怪？让我们一起分析一下。

3.1　越便宜的产品越好吗

在保险产品的对比上，主要分为两个维度，一个是价格维度，另一个是保障维度。

从价格维度来比较的话，小美的 D 产品似乎是最实惠的。

但是我们需要注意一点，那就是 D 产品是"一年期"的产品，一年期的产品在第二年需要续保，那么他是需要每年都缴费的。我们找一个一年期产品的费率看一下。

表 3.1　一年期产品的保费　　　　　　　　　　单位：元

年龄	保费（男/女）	年龄	保费（男/女）
0	56/60	21	55/65
1	45/45	22	55/65
2	45/45	23	55/65
3	45/45	24	55/65
4	45/45	25	55/65
5	40/40	26	80/90
6	40/40	27	80/90
7	40/40	28	80/90
8	40/40	29	80/90
9	40/40	30	80/90
10	40/40	31	118/127
11	35/37	32	118/127
12	35/37	33	118/127
13	35/37	34	118/127
14	35/37	35	118/127
15	35/37	36	200/225
16	45/55	37	200/225
17	45/55	38	200/225
18	45/55	39	200/225
19	45/55	40	200/225
20	45/55	41	365/385

续表

年龄	保费（男/女）	年龄	保费（男/女）
42	365/385	54	1100/835
43	365/385	55	1100/835
44	365/385	56	1800/1100
45	365/385	57	1800/1100
46	635/600	58	1800/1100
47	635/600	59	1800/1100
48	635/600	60	1800/1100
49	635/600	61	2350/1650
50	635/600	62	2350/1650
51	1100/835	63	2350/1650
52	1100/835	64	2350/1650
53	1100/835	65	2350/1650

从表3.1中我们可以看出来，一年期产品的保费是递增且持续的，现在交的钱少，但是后面要交的钱会越来越多，并且是每年都要缴费的。也就是说，哪怕一直交到63岁才停止交钱，被保险人64岁出了险，也属于过了保障期，这个保单一样是无法理赔的。

那么问题来了，如果能接受每年一交钱，那这类产品还有什么不好的地方吗？

主要问题是大部分一年期产品不能保证续保。

上面已经举例了一个一年期的产品，那么我们还是拿这个D产品来说明。

我们打开D产品的条款，看一看续保条款。

续保条款：

本合同保险期间届满前30日（含第30日）内，我们会向您发送继续投保本险种的续保邀约，您也可向我们提出继续投保本保险的申请，在为您办理续保时我们不会因为被保险人的健康状况变化单独调整被保险人的保险费，续保不计算等待期。

当发生下列情形之一的，本合同不再接受续保：

1）续保时被保险人的年龄超过100周岁；

2）被保险人身故或发生过本合同所约定的重大疾病理赔（无论一种或者多种）；

3）本合同在您申请续保时已因其他条款所列情况而导致效力终止；

4）您不如实告知、欺诈等不符合续保条件的情形。

从以上条款里可以看出来，续保是有一定条件的。

但是我们需要注意的一点是：条款里面没有"保证续保"几个字。虽然合同写明了，某些情况将不再接受续保，但是没有写保证续保，如果停售就有可能不能再买了。并且该产品在自动扣款协议里面，也写明了：

当你所投保的保险产品已停止销售或在续保时核保不通过的，将无法为你提供自动续保服务。

也就是说，这种产品有可能会出现以上情况。

举一个例子。假设5月官方发布通知，保单停售，当年到期的保单将不再续保。此时一个客户8月30日保单到期，8月29日查出症状，9月2号确诊。那么，这份保单将无法续保，也无法理赔。

从价格维度来说，最便宜的产品，一定是一年期的，但是单纯看价格，并不一定能符合我们对于保险的诉求：有保障、长期稳定。

3.2 责任小差异,保障大问题

既然最便宜的产品不能保证长期稳定,那就从保终身的产品中考虑。A 和 B 之间,B 便宜了不少,是否 B 比较好呢?

这个时候,就涉及保障维度了。

我们可以先看看产品 A 和 B 分别对应的责任,如表 3.2 所示。

表 3.2 产品 A 和产品 B 对比

项目表		产品 A	产品 B
基本保额		100 万元	100 万元
保障年期		终身	终身
缴费期		30 年	30 年
身故保障		100 万元	退保费
重疾保障		100 万元	100 万元
年缴保费(30 周岁男/女)		19310 元 /18370 元	16360 元 /13680 元
疾病终末期		100 万元	100 万元
重疾保障	赔付	最低 100 万元 / 次	100 万元 / 次
中症	赔付	60 万元 / 次	50 万元 / 次

续表

项目表		产品 A	产品 B
轻症	赔付	45 万元/次	30 万元/次、35 万元/次、40 万元/次
其他保障	特定疾病保障	恶性肿瘤关爱金，可赔付 2 次，间隔期 3 年，每次赔付 100 万元	恶性肿瘤关爱金，可赔付 1 次，间隔期 3 年，每次赔付 100 万元

从表 3.2 中我们可以看出，A 和 B 最大的区别，在于身故责任。那么这个责任的区别在哪里呢？

那就是寿险责任。

人不一定会得重疾，但是一定会身故。

所以说，寿险责任其实可以算得上是重疾险的一种兜底：重疾保障的赔付不一定能得到，但是身故保障的赔付一定能得到。

那有一个问题了：我不需要身故赔钱，只需要重疾赔钱，可以不可以呢？

可以是可以，但是单纯的重疾险面临的问题是：如果被保险人没达到合同要求的重疾理赔条件，却身故了怎么办？

比如，被保险人发生车祸，陷入深度昏迷，但重疾险对深度昏迷的理赔要求一般是 96 小时，被保险人有可能深度昏迷 48 小时就身故了。

比如，被保险人患终末期肾病（或称慢性肾功能衰竭尿毒症期），理赔要求是确诊后进行了 90 天以上的规律性肾透析或者换肾手术，但被保险人有可能还没有达到理赔条件，就身故了。

那么这类情况下，没有寿险责任兜底，被保险人可能就得不到理赔。那就只能退保，可是退保只能得到保费的现金价值，着实不多。

所以说，寿险责任有存在的必要性。

3.3 如何正确地分析产品

聊到这里,其实我们可以发现:购买一种保险,只看保费不行,只看保障也不行,还是得综合起来看。

那么我们来看看,如何正确地去做一个产品的对比。

3.3.1 先看产品类型

在前面保障维度的相关介绍中,我们知道了重疾险其实也是分为很多不同细项的,大致可以分为以下几类。

A 类:终身重疾险 + 寿险。

B 类:终身纯重疾险。

C 类:长期返还型重疾险。

D 类:长期重疾险 + 寿险。

E 类:长期纯重疾险。

F 类:一年期重疾险。

我们在看产品的时候,一定要弄清楚,这个产品属于哪一类。如果说我拿一个 A 类产品和一个 E 类产品去比较，那就一定会陷入两难的境地：一个保得全，一个便宜。这个时候就应该讨论具体需求，即你到底需要什么样的保障，而不是单纯地看性价比了。

同理，其他的保险产品也可以做类似划分。

比如说寿险就可以分为：

终身增额寿险；

终身寿险；

长期返还型寿险；

长期寿险。

根据不同的类型来比较，选择才会更为精准。

3.3.2 看保障责任

同类型的产品，一般保费都比较接近，上下浮动很少超过 30%，但是它们的细项责任上，会有一些区别。

比如说同款的 A 类产品，就有很多的区别。

部分 A 类产品类似于我们之前讲到的某些保险产品，保障责任有寿险、重疾、重疾分五组多次赔、中症、中症多次赔、轻症、轻症多次赔、癌症多次赔、轻/中/重首次理赔豁免未交保费。

但是在这个基础上，产品之间会有所不同，有的是重疾不分组多次赔，有的是重疾分两组多次赔，或者说重疾癌症不单独分组多次赔。

在癌症多次赔方面，有三年间隔期和五年间隔期，有的是新发、复发、持续都能赔，也有的是新发、复发才能赔，持续不赔。

轻症责任有的含多发病种，有的不含。

不一而足。

3.3.3 看保费

在保障责任差不多的情况下,我们再去看保费。

假如两个产品的保障责任差不多,同样的保费,一个产品有 50 万元保额,另一个产品有 75 万元保额,你会怎么选?答案是很明确的。

现在部分保险推销人员会拿保障责任少且保费高的产品去和保障责任多且保费少的产品对比给客户看,想让客户觉得其推荐的产品性价比高,以达到快速成交的目的。

而真正负责任的保险推销员是不会这么做的,他们会按客户的实际需求,推荐不同细项的产品,客户只需按自己能承担的保费情况选择即可。

3.3.4 演练

我们以产品 E 和 F 为例。

(1)看产品类型

第一,先通过基础责任判断产品类型。

如表 3.3 所示,这两个产品都属于带身故责任的终身重疾险,属于同一档产品。

表 3.3 产品 E 和产品 F 部分信息

项目表	产品 E	产品 F
基本保额	100 万元	100 万元
保障年期	终身	终身
身故保障	100 万元	100 万元
重疾保障	100 万元	100 万元

(2)看保障责任

第二,看细节的保障责任,如表 3.4 所示。

表 3.4　产品 E 和产品 F 细节对比

项目表		产品 E	产品 F
基本保额		100 万元	100 万元
疾病终末期		100 万元	100 万元
重疾保障	赔付	最低 100 万元 / 次	100 万元 / 次
	保障内容	106 种重疾分 6 组，每组赔付 1 次，最多赔 6 次，每次保额：100 万元、110 万元、120 万元、130 万元、140 万元、150 万元	110 种重疾分 6 组，每组仅赔付 1 次，最多赔付 6 次
	间隔期	180 天	180 天
中症	赔付	60 万元 / 次	50 万元 / 次
	保障内容	20 种中症不分组，每种仅赔付 1 次，最多赔付 2 次	25 种中症不分组，每种仅赔付 1 次，最多赔付 2 次
	间隔期	—	—
轻症	赔付	45 万元 / 次	30 万元 / 次、35 万元 / 次、40 万元 / 次
	保障内容	35 种轻症不分组，每种仅赔付 1 次，最多赔付 4 次	30 种轻症不分组，每种仅赔付 1 次，最多赔付 3 次
	间隔期	—	—
其他保障	特定疾病保障	恶性肿瘤关爱金，可赔付 2 次，间隔期 5 年，每次赔付 100 万元 极早期恶性肿瘤 / 恶性病变关爱金，可赔付 2 次，每次赔付 45 万元	恶性肿瘤关爱金，可赔付 2 次，间隔期 3 年，每次赔付 100 万元
	被保险人豁免	罹患重疾、中症、轻症豁免续期保费	罹患重疾、中症、轻症豁免续期保费
	额外赔付	保单生效后 10 年内（且 56 周岁前）罹患重疾额外赔付 20 万元	保单生效后 10 年内（且 51 周岁前）罹患重疾额外赔付 20 万元

续表

项目表		产品 E	产品 F
其他保障	其他	60 岁前未罹患重疾，60 岁后住院给付住院津贴，1000 元 / 天，每年度上限 90 天	—

表 3.4 对比了这两个产品的保障责任，从中主要可以看出以下几点区别。

1）产品 E 的重疾多次赔额度递增，产品 F 没有。

2）产品 E 的中症 / 轻症赔付额度更高。

3）产品 E 可增加保额的期限更长。

4）产品 F 的恶性肿瘤二次赔付间隔期更短，并且恶性肿瘤持续也可以赔。

5）产品 F 没有早期恶性肿瘤二次赔付。

在这里我们就可以发现，这两个产品的细节责任是有不同的，但是差别不算大。

（3）看保费

第三，看看二者在保费上的表现，如表 3.5 所示。

表 3.5 产品 E 和产品 F 的部分保费对比　　　　单位：元

项目表	产品 E	产品 F
基本保额	100 万	100 万
年缴保费（0 周岁男 / 女）	7330 / 6600	6960 / 6530
年缴保费（30 周岁男 / 女）	19990 / 17490	19310 / 18370
年缴保费（40 周岁男 / 女）	29820 / 25040	29090 / 27000

在表 3.5 列举的几个典型保费区间中，我们发现男性在不同的年龄阶段，产品 F 都会比较便宜，而女性这边，在大部分年龄阶段则是产品 E 较为便宜。

综合来看，如果注重恶性肿瘤多次赔，可以选产品 F，想要更高的杠杆，可以选产品 E。如果二者的优点都想要，那就各买一半，一起买也是一个不错的选择。

这部分主要涉及的是细节，产品在总体的保障和保费上区别不大，客户更多需要考虑的是自己的想法。

这节主要是为了告诉大家，什么才是保险真正的性价比对比方式。

第4章

保险方案设计思路

经常有朋友找我咨询，说自己想买一份保险，问有没有套餐可以介绍。

这是作为消费者的一种正常心理，可是作为一个专业的保险从业人士来说，我很难直接给出一个推荐的套餐。

因为每一份保障，对应的都是你的一份担忧，你担忧什么，才需要保障什么。

而不是说你直接买一个保险，就有了保障，这是本末倒置的。

那么，怎么找到我们的担忧点，怎样根据这些担忧点设计对应的保障，就是本章需要解决的问题。

4.1 寿险，就是保险的爱与责任

在我小的时候，我爸开过摩的、和别人合伙办过厂，后来自己想办法办了一个厂，工作上非常辛苦，但是家里依然没有积蓄。

在我读高中时，就已经明白父亲是家里的顶梁柱，如果他出了什么事，这个家就断了绝大部分的经济来源。

我总是特别担心他生病，尤其有亲人因癌症去世了以后，这种担忧越来越强烈。

那个时候，我就觉得我的家庭需要一份保险，但是我并不知道，什么样的保险能解决我的问题。

后来，我大学毕业开始工作，父亲的厂子却欠债倒闭了。

支撑家庭的责任落到了我的肩上。从那个时候开始，我开始担心自己会发生什么意外。

如果我不在了，我难以想象我的家人未来会变成什么样子。

随着家庭情况的变化，我对于寿险的感触也越来越深。

虽然我还年轻，但却已经给自己买了两百万元保额的寿险。

很多家庭，或者说很多人，可能不会像我的家庭一样，家庭经济这么脆弱。但是现实中还是有很多家庭，一旦失去家庭的经济支柱，其积蓄难以支撑其他家庭成员日后的生活。

如果家里的经济支柱真的发生意外，会给整个家庭带来情感上无法避免又难以治愈的伤痛，但是这个意外在经济上可能带来的窘迫，却是我们可以通过提前规划来避免的。

定期寿险就是一个充满责任意义的产品，因为这个不是为了自己，而是为了自己的家人未来的生活而去做的规划。

在给很多客户做方案的时候，我们都会建议客户买一个定期寿险，且建议购买的额度有多有少。

那么这个额度具体应该怎么算，我们又怎么去买呢？

这里我就来手把手地教你，怎么计算自己的寿险额度。

家庭责任，说起来很多人可能没什么概念。

其实它在某种意义上是指在家庭经济支柱离去以后，能有一笔可保障家里其他人吃饭、穿衣、上学、养老、还债，让家人不陷入经济困境的钱。

所以这一方面，我们考虑的东西是比较实际的。

寿险额度有很多不同的测量方式，我个人更倾向于遗属需要法，也就是说，根据遗属需要的金额进行计算。客户应具体考虑以下内容。

（1）家庭的基础开支

很多家庭，都是单经济支柱的模式，即夫妻一个人主内，一个人主外。

在平时的时候，夫妻两个人可以互相平衡，但是一旦主外的人发生了事故，主内的人很难一下子支撑起整个家庭的经济支出。

所以我们需要考虑的第一点，就是家庭基本生活的年支出，包括衣食住行这些，以及我们希望为他们留多少年的钱。

有的人想得比较长远，希望额度能覆盖到孩子经济独立，有的人觉得，留个五年十年的，这些都可以，主要看个人的想法。

（2）小孩的未来教育

再苦不能苦孩子，再穷不能穷教育。

中国人普遍很重视孩子的教育问题，在孩子出生后，都会对孩子的未来有一个设想。

有的人希望孩子未来能读到博士；

有的人希望孩子能出国留学；

有的人希望孩子能考上自己当年没考上的大学。

诸如此类的设想还有很多。

所以，我们不希望因为家人发生意外，影响到孩子的未来教育，甚至让孩子连上学的钱都没有。

那么，我们对孩子教育的预期是什么，这大概需要多少花费，用每年大概需要的金额乘以对应的年限，就可以得出这一部分所期待的保额。

（3）父母的养老

很多人可能像我一样，还没有结婚，也有的人这辈子都不考虑结婚。

这类情况没有家庭的负担和子女的抚养问题，但是对父母养育之恩的报答，是每个人都需要的。

有的人会每年给父母一笔钱，一般来说都不多，可能一两万元或者三四万元，也有的人目前还没有给父母养老的需求。

但是老话说，你养我小，我养你老。

养老问题是每个人都会面对的，预设风险来临以后，给父母留下多少钱，是一份责任，也是一份孝心。

这个额度，就要根据当地的养老水平估算一年的花费，再乘以对应的年限。

（4）债务问题

现在居民杠杆率越来越高，不少家庭背负房贷。

在这种情况下，如果夫妻有一人出现了问题，那么仅凭另一人能不能还得起这个房贷、能不能支撑未来的生活，就是我们需要考虑的问题。

这方面需要的保额，就看债务每年的额度，然后乘以剩余的还款年限就可以了。

在寿险方面，我们主要考虑的就是这四个方面。

在算完这些额度后，可以适当减去已有的可出售的固定资产。

比如说一个家庭，有两套房，但是一套房自住，另一套房是要留给孩子的，都不能卖，那么就不能算进来。

如果说有可以随时出售的固定资产，那么就可以用前面算出来的总额度减去这个资产，剩余的就是我们所需要的保障额度。

这个额度可能高也可能低，甚至有的家庭可能是负数，这都是对应的不同的家庭情况。

在保障的年限方面，可以设置为自己的家庭责任期间，也就是退休之前。

因为在退休之前，孩子可能已经毕业了，但是还承担不起家庭的经济责任，那么我们仍然是家庭的主要经济支柱，所以把保障年限设置为退休之前，既可以得到较高的保额，也可以降低保费，让我们没有那么吃力。

4.2 重疾险 ≠ 医疗险

在购买保险的时候，很多人会把重疾险和医疗险混为一谈。因为它们都有保障疾病治疗费用的属性，所以大家就认为这两个产品是差不多的。

因此客户经常会产生以下类似的疑问：

我买了重疾险，还需要买医疗险吗？

我买了医疗险，还要买重疾险吗？

保险作为我们人生几十年的保障工具，并没有这么简单。

在这里，我们先讲一讲为什么要买这类保险，然后阐述一下它们之间的区别。

4.2.1 重大疾病的治疗费用需要转移

网上曾经有一个流传很广的段子，讲的是一个人对"的哥"说，"带我去消费最高的地方"，然后"的哥"带他去了医院。

不谈这个段子的严谨性，它在某种程度上反映了大众的想法：医疗是一个高支出的项目。

以常见的癌症举例，治疗费用往往是 2 万元起步（如甲状腺癌），常听说的白血病，花费可能在百万元左右，甚至更多，没有一个具体的封顶数字。

对于绝大多数的家庭来说，一下子拿出 30 万元，就已经不是一件容易做到的事情了。通常为了筹到这笔钱可能需要经历借钱，卖房，各种筹款。

借钱和各种筹款不知道能得到多少钱，而卖房也不是一朝一夕的事情，所以很多人并不愿意把未知的未来寄托在这些不确定的方法上。

所以，重大疾病的治疗费用，确实需要转移。

即使一些家庭能拿出 30 万元用于治疗，但对于一些晚期癌症的患者来说，也是杯水车薪。

从我国的人均收入情况来看，大部分家庭也难以承担一个人百万元以上保额的重大疾病保险费用。

所以重疾险在这种高额治疗费用面前，并不是最优解，我们还需要医疗险。

4.2.2　非重大疾病的治疗费用，也需要转移

2018 年初的时候，有篇文章很火，名字是《流感下的北京中年》。

在这篇文章里，作者的岳父因为在冬天吹了凉风，得了流感，经过长时间的治疗，在 ICU 待了很久，在家人已经有卖房打算的时候，岳父最终还是没能战胜流感，离开了。

在这种情况下，通常重大疾病保险的条款里有两个项目有可能会符合理赔要求，具体如下。

1）深度昏迷，要求深度昏迷 96 小时；

2）身故。

流感作为我们经常见的一个"小病"，有的人可能每年都会得几次。所以在目前的重大疾病保险里，并没有流感这一病种。

可是严重的流感，也可能需要几十万甚至上百万元的花费，在这篇文章之后，也有其他人叙述了在得了严重流感后，花费高额治疗费用的情况。

在遇到这种严重的"小病"时，我们首先盼望的肯定是给予家人最好的医疗条件，尽力把人救回来。可是得了这些"小病"的被保险人又不一定能达到深度昏迷96小时的要求，极有可能无法得到重大疾病保险的理赔。

所以，面临这种高额治疗费用的情况时，只有医疗险可以在最大范围内帮我们解决经济上的问题。

4.2.3 术后疗养

在得了癌症以后，有一个5年生存期的说法。如果一个人得了癌症，根治后5年内没有复发，那么这个人就和健康的普通人差不多了，有希望实现长期生存。

也就是说，癌症之后的5年，能不能安心调养，给自己放一个长假，尤为关键。

重疾险设计出来的初衷，就是为了让被保险人能安心调养身体。

当时南非的一个医生，发现自己的病人在得了重大疾病以后，虽然进行了治疗，可是为了自己的孩子，为了获得更多的钱，还不得不去工作，没有办法好好地调养、陪伴自己的家人，最后在很短的时间内发生了病情转移。

虽然不能确定工作和病情复发之间的必然关系，但是这类事情触动了这位医生：一个人罹患了重疾，经过治疗获得了暂时的好转，可是他的经济状况也许已经崩溃，导致其无法在治疗之后，拥有一个适当的康复环境。

所以他希望通过重大疾病保险这样的形式，在一个人得了重疾后，以一次性给付一笔资金的形式，来拯救他们罹患重疾以后的经济状况，从而让他们得到更好的治疗效果。

医疗险可以报销我们的治疗费用，但是绝大部分的医疗险，对于疗养院、康复机构等费用都是除外的。

有些病种，如瘫痪、肺源性心脏病等，都是需要长期的护理/康复治疗。在这种情况下，重疾险才能有效地帮我们解决这一类的问题。

重疾险其实可以理解为重大疾病后收入损失保险，或重大疾病后康复治疗保险，而并非我们通常认为的重大疾病医疗险。

4.2.4　重疾险不能代替医疗险

前面我们写的三节内容，归纳一下可以得出以下结论。

治疗费用分为三类：第一类，小病医疗费用；第二类，大病医疗费用；第三类，大病医疗后康复费用。

医疗险可以保障一、二类，重疾险可以保障二、三类。

所以对于前面提到的问题，我们可以在这里解答一下。

（1）买了重疾险还需要买医疗险吗

重疾险保的只是部分大病，对于一些小病的严重情况，比如前面提到的流感，可能就无法保障。

而像平时的一些常见病，比如肺炎、乳腺纤维瘤手术等，也是需要靠医疗险来进行风险转移的。

（2）买了医疗险还需要买重疾险吗

医疗险保障的是医疗费用，也就是说，在治疗的时候，花多少报多少，对于不报销的项目，比如康复治疗或者治疗期间的收入损失，是不会进行补偿的。

还有一个很重要的点是，医疗险不保证续保，目前国内，一般医疗险的最长保证续保年限是6年。也就是说，6年之后，还能不能续保，依然是不确定的。

很多医疗险宣传的保证续保，其实仅仅是指可以续保到多少岁，并不是说一定能续保。

重疾险的必要性在于，如果医疗险还在保，那么医疗险报销治疗费用，重疾险负责疗养、收入损失费用。

如果医疗险已经停售了，那么重疾险覆盖重大疾病的一些治疗费用，保额足够的话还可以覆盖到疗养费用。

所以这两种类型的保险，互相之间的关系是互补而不是替代。如果有一个人告诉你，买了重疾险就不用买医疗险，或者买了医疗险就不用买重疾险，你可千万不要相信。

4.3 保额不高的意外险，都不过是心理安慰

意外险可以说是我认识的第一个保险种类。在我读初中的时候，我们当时的副校长就在开大会的时候给我们讲，附近的××学校，他们给学生买保险比我们学校晚了几天，就在那几天有学生意外骨折了，结果没有保险理赔。

现在我当然知道，当时买的意外险，其实叫学平险，是专门针对孩子的平价意外保险，通常带有意外医疗、疾病医疗责任，只需要50元左右的保费，就能有不错的保障。

很多人的想法可能跟我当初一样，觉得买了意外险，有个猫抓狗咬的，出点意外能得到理赔，就算有了保障。

4.3.1 意外险考虑哪些方面

经过对保险的学习，我逐渐知道，那些小额的风险，完全可以自己承担，我们更需要考虑的是如果发生严重伤残，面临中断的收入和持续的支出，我们该怎么办？

这种情况就需要意外险了。

意外险的赔偿方式，前面我们也提到了，是按比例给付的，就是说，如

果评残是一级伤残，那就是按照 100% 保额赔付，如果评残是十级伤残，那就是按照 10% 保额赔付。

所以在这方面，我们考虑意外险保额的时候，不仅仅要考虑最严重的情况，还要考虑到一般严重的情况。比如，单肢体缺失，评残七级，那么理赔只能按照 40% 保额赔付。这种情况也会对工作和生活带来很大的影响，但是理赔比例低，理赔金额是达不到我们投保的金额的。

因此，我们一般以 50% 的保额，作为基础保额建议。

4.3.2　意外险的保额如何确定

在意外险的保额上，需要考虑两方面。

第一个方面是我们需要的基础支出费用，这个可以根据我们日常所需要的支出来进行计算。

第二个方面是治疗费用、后续换肢体等装置的费用，以及被保险人在收入受到影响的情况下，长期的生活费用。

治疗费用这里，大部分可以用医疗险来代替，而换假肢等装置的费用，因为无法确认可能发生的意外，也就无法估量相应的数额。

那么我们可以先计算第一部分：基础支出费用。

在寿险模块，我们已经计算过这一类型的费用，也就是日常生活支出、孩子教育、父母养老、债务偿还所需要的费用之和。

基础支出费用可以按照当下的生活水平来预计，这样的金额不会太低。有人可能会说，那万一我未来真的伤残了，我可能在部分方面的消费会减少，计算这么多有意义吗？

有涨就有跌，如果事故真的发生，我们的生活费用可能会降低，但是可能会增加相应的一些假肢费用，一个普通的假肢通常 3 万～8 万元，更贵的也有，并且一般需要三年一换，在生活费用部分省下的钱，正好可以放在假肢的预算上。

对于假肢这一类的耐用设备，我们可以按照普通假肢 3 万～8 万元，三年左右一换，在每年的基础支出上，增加 1 万～3 万元的额度，作为预备。

在年限上，可以根据自己的需求，选择 10 年/20 年之类的，用前面计算的年额度，乘以需要投保的年限。年限越长，那么额度就越高，保障越充足，相应的保费也越高。年限越短，那么额度就越低，相应的保费也低一些。

我们假设一个家庭，每年的家庭必须花费是 15 万元，他选择保障 10 年的家庭花费，那就是 15×10=150（万元）。在这种情况下，如果要六级伤残能赔 150 万元，那么一级伤残就可以赔 300 万元，也就是说一共是 300 万元的保额。

然后呢，再根据两口子的收入来计算对应的保额。如果说收入五五开，那就是一人一半，如果说收入三七开，那就是一个人 90 万元，取整 100 万元，一个人 210 万元，取整 200 万元。

如果是单经济支柱家庭，主内的另一半是不是就不需要意外险了呢？

并不是这样的。风险是无处不在的，家里发生的火灾、爆炸，出门购物路上的意外等，都是未知的风险，因此，主内的这个人最好也为自己购买一份意外险。

根据以上的信息，我们大概确定了意外险的额度，额度不建议低于 100 万元。

4.3.3 医疗险能代替意外险吗

意外导致的医疗费用，可能很低，比如割伤手，去医院包扎一下，可能几十元钱；也可能很高，比如说爆炸常见的三级烧烫伤，治疗费用动辄百万元起步。所以在费用上，可能是上限很高的一个风险类型。

发生意外后，如果被保险人的医疗险还在，那么医疗险可以报销大部分的治疗费用。如果医疗险停售了，那么我们之前计算出来的意外险额度通常也能有一两百万元，这一笔赔偿基本还是可以保障被保险人的治疗的。

也就是说，在有医疗险的时候，意外险的理赔可以作为未来生活的保障；没有医疗险的时候，意外险的理赔可以用来治疗，剩余部分留着保障未来生活。

在意外险的投保上，额度很重要。

因为意外险主要考虑的是个人伤残了以后怎么办，而伤残，可以说是对我们经济影响最大的事情之一了。

重疾有可能会复发，主要会影响个人的健康，很多的伤残却并不会对健康有太大影响，只是会影响人的生活，甚至让人难以就业。所以在意外险的保障上，几十万元的额度真的是毛毛雨，百万元以上的保额才足够。

现在意外险市场竞争激烈，百万元保额的意外险，对应的保费却并不多，所以给大家的建议是，意外险一定要优先考虑高保额。

4.4 医疗险,一定要能解决你的医疗费用

4.4.1 医疗费用分类

医疗险可以简单理解为我们去医院就医,然后保险公司报销我们的就医花费。

但是不同的家庭情况,面对的医疗需求是不一样的,其相关费用大致可以分为以下几种:门诊就医费用、普通住院费用、大额医疗费用、医疗服务费用。

(1)门诊就医费用

门诊就医,主要针对的是两种情况。

第一种是我们平时发烧感冒,需要去普通门诊看病,大部分人一年都能看个几次,这种属于高频低费用的情况。这部分费用如果要转移给保险,就会因为理赔率过高,导致保费较高,转移成本相对来说很高。

第二种是疑似患有大病时,这时候可能遇到挂号难等问题,需要一定的医疗资源。然而就医挂号是一个低频需求,个人很难针对这方面去做医疗资源的储备。这时,由保险公司提供挂号/住院绿通的相关服务,就比个人储备容

易很多。

(2) 普通住院费用

普通住院，就像平常的那些肺炎、痔疮等常见的疾病，花费通常也就几千到数万元之间，一般人几年可能都住不了一次院。这种情况频率不太高，相关的保费相对也不太高，这部分费用如果要个人承担，基本也都能承担得起。

(3) 大额医疗费用

大额医疗费用这一块，前面我们也说了，需要大额医疗费用的不一定是重疾，比如新冠肺炎就不属于重大疾病，但其治疗费用可能很高，除非被保险人达到重度昏迷等类似的情况，不然是得不到重疾责任的理赔的。又比如，有的流感、三度烧烫伤等情况，都属于非重疾，但是又有可能会需要大额的治疗费用。这一部分的医疗属于频率极低、金额大部分人都难以承受的，可以用医疗险来保障这一部分，一般来说保费低、保障高。

(4) 医疗服务费用

除了单纯的医疗保障之外，还有一些人会对医疗服务有更高的要求。众所周知，虽然我国医院很多，但是很多人看病总喜欢小城市往大城市跑，普通医院往三甲医院跑，高等级的这些医疗机构长期处于饱和状态。那么对医疗服务有更高要求的人就会选择公立医院的国际部、特需部或其他的私立医院，在费用上也是普通医疗机构的好几倍。针对有这些就医需求的人，某一类医疗险也可以解决。

综上所述，我们要买医疗险的话，需要考虑的大方向主要就是以上这几类。

4.4.2　不同的人对医疗险的需求

不同的人，会有不同的选择，他们可能选择某一类保障，或者选择某几类保障将它们叠加，在这里我们按照年龄段的不同来做一个大致划分。

（1）给孩子买医疗险

给孩子买医疗险，需要考虑以下几点。

1）孩子免疫力较低，就医频率高，换季的时候经常需要去医院，所以各大医院的儿科在这个时候都是爆满的。如果不想排队，可以考虑国际部/特需部的门诊保障。但是国际部/特需部一次的挂号费收费较高，并且不能用社保，所以保费也会比较贵，孩子一个人的保费就得七八千甚至上万元，通常还得捆绑上父母一起投保。

2）换季时期肺炎、支气管炎高发，如果孩子不小心得病就有可能需要住院，但是病床紧张，在需要住院的时候可能要排队。这种情况就可以考虑带有协助普通住院服务的医疗险产品了，用保险公司的医疗资源来帮我们住进去。

3）孩子的住院频率相对成年人来说比较高，也是因为肺炎这些常见的情况，所以可以考虑给孩子买带有普通住院责任的保险产品，只要住院就能理赔。这样的话，孩子一次普通的住院费用，就抵得上几年的保费了。

总结一下，给孩子买医疗险可以考虑加上门诊责任，经济条件允许的话，可以扩展国际部/特需部/私立的门诊保障。在对住院责任的选择上，尽可能选择能协助住院的，或者是没有免赔额的，这样的产品对于小孩来说更加实用。

（2）给成年人买医疗险

对于18岁～50岁之间的成年人来说，身体的健康状况一般还算不错，很少会有住院的需求，但是也要为大额的医疗费用做一个储备，保证我们如果生病也不用为治疗费用发愁。

所以在医疗保险上，更多地可以考虑大额医疗费用的支出，所以成人需要一个高额的医疗保险。

那就有以下两种医疗险可供选择。

第一种是没有免赔额的中端医疗保险，只要住院就能赔，保额可以到150万元及以上。这种产品的优势是没有免赔，劣势在于核保需要告知的项目比较多，如果有对应项目，很多都会做相应的除外责任，也就是这个除外的项目不赔付了。有了除外记录以后，再去买其他产品可能会遇到一些相应的问题，比如问询到"近两年内是否有被其他保险公司除外"，如果回答有的话，可能就买不了了。

第二种是有免赔额的百万医疗保险，以保额基本都过百万元而闻名。百万医疗险的特点，是需要先经过社保赔付，对于社保没有赔付的部分，扣掉1万元（通常）的免赔额，剩下的合理且必需的费用才会得到理赔。

比如说花了60万元，社保报销了20万元，扣掉1万元的免赔额，剩下的39万元可以由百万医疗险进行赔付。

（3）给中老年人买医疗险

这里我们指50周岁以上的人。这个年龄段的人一般都会有一些慢性病或者健康问题，在这种情况下买医疗险会比较难，可以考虑中老年人专属的医疗险。这类医疗险对于一些常见疾病，如"三高"，在符合一定的要求的情况下是可以进行投保的。如果说健康状况较好，之前没有什么体检异常或疾病的，就可以考虑没有免赔额的普通医疗险，健康状况偏不好的话，可以视情况考虑百万医疗保险，覆盖大额的医疗费用支出。

第 5 章

怎么给特定类型的人买保险

> 经常有人会问我们,怎么给孩子买保险,怎么给配偶买保险,怎么给爸妈买保险,这些特定需求的提出人不同,方案的细节也不同。

5.1 怎么给孩子买保险

很多人在孩子出生之前,总感觉自己长不大,等到孩子出生以后,会突然感受到责任的压力,迅速成熟起来。

对于父母而言,自己可以随便,但是希望给宝宝最好的东西、最无私的爱,也担心宝宝万一出现风险后,自己经济上力有不逮。于是就想给孩子买保险,给孩子一份确定的保障。

在有了这个念头以后,他们开始了解保险,这时候却发现市场上的产品多种多样:有保30年的,也有保终身的;有含四五十种大病的,也有含一百多种大病的;有三百多元的意外险,也有八十元的意外险。

看起来好像都差不多,可是细节上的差别又是那么的大,实在不知道该怎么投保。

在这里,我们就谈一谈,怎么给孩子买保险。

5.1.1　社保先行

社保是属于社会保障体系，对成人而言，叫作社保，但对孩子而言，每个城市会有不一样的叫法，比如北京是"一老一小"里的"一小"，一年180元。

门诊最高报销55%，住院最高可以报销80%，虽然只能报销社保内的用药，但是对于大部分治疗项目来说，社保用药都是大头支出。

假设一次肺炎治疗，花了2万元，其中社保内用药1.2万元，那么社保就能报销差不多8400元。

相对于社保的保费来说，这个报销比例可以说是很可观了。

更重要的一点是，社保是不看健康状况的。不管宝宝有没有先天性疾病、以后疾病发展成什么样子，都可以投保，并且只要交钱就可以续保。

虽然都说社保"保而不包"，它能保障一部分，但是保障不了全部，但是它保证续保的特性，使它成为了孩子就医时的稳定保障。

5.1.2　用医疗险补充社保

前面我们提到了，社保的特性是"保而不包"，那么医疗险就可以做到"包"，但是不"保"（保证续保的"保"）。

有很多人可能不建议给孩子配医疗险，对于这一点我不赞同，因为孩子的出险率真的挺高的。

孩子的免疫力比较低，所以比成年人更容易生病，每到换季，儿科里就挤满了孩子和家长。得的病大部分都是肺炎、支气管炎等，一次的治疗费用可能就几千元到一两万元，所以买医疗险真的很划算。

而且在给孩子治疗的时候，家长都心疼孩子，多选择用自费药、进口药，带来的结果是治疗费用更高，而这些是社保不会报销的。

可很多商业医疗险都是可以报销自费药的，所以购买了这类保险的家长即使选择了更贵的治疗方案，也不必过多担心治疗费。

但因为孩子的高出险率，很多孩子可以投保的医疗保险，都难以盈利。保险公司毕竟是一个营利机构，所以下架了很多这类产品。

没下架又没有免赔额的医疗险，为了降低儿童的赔付比例，都要求家长必须一起投保，这样小孩才可以买。

所以，学平险了解一下？

住院医疗保险了解一下？

高端医疗保险了解一下？

当然，不同的家庭情况要配置不同的产品。

条件一般的可以选择学平险，几十元到一两百元，就可以得到一些基础的住院医疗的保障，可以报销社保内用药。

条件好一点的，可以给孩子购买"0"免赔的住院医疗险，这样住院了就能理赔，可以报销自费药。

条件比较好的，能接受每年过万的消费型保险，可以考虑一下高端医疗险，这样可以报销如北京新世纪妇儿医院等中高端医疗机构的就医费用。

5.1.3　意外险很有必要

孩子的自我保护意识比较差，很多成年人知道要避开的危险，孩子并不能意识到。

所以，给小孩买一个意外险是很有必要的。

可是在给孩子买意外险的时候，我们会发现，孩子的意外险是有限制的。

0～9岁，意外身故保额不能超过20万元，10～17岁，意外身故保额不能超过50万元。

因为保额受限的原因，我们在给孩子买意外险的时候无法选择高保额，因此保费也不会高，一般就是两三百元。

在意外身故之外，意外伤残责任也十分重要。

如果20万元保额，五级伤残，那么只能赔20×60%=12（万元），可以说是很低了。

所以家长可以考虑多家叠加投保，不看意外身故责任，只看意外伤残责任。

毕竟银保监会没有要求限制意外伤残的最高额度。

在主险之外，我们还可以多关注意外险的意外医疗责任。

意外医疗分为三档：一，只报销社保内费用；二，可以报销自费药；三，可以报销私立医院和境外的意外医疗费用。

第一档的意外险可能在一百元左右，第二档和第三档差不多都是两三百元，既然基础保额是一样的，选择意外医疗会保得更全。

5.1.4 买对重疾险

（1）孩子需要重疾险

对青少年来说，重大疾病发生率其实是很低的，也因为这个原因，所有孩子的重疾险保费都比成年人要低。

即使作为在青少年和儿童中最高发的恶性肿瘤——白血病，其发病率其实也很低，只不过由于白血病在少儿尤其幼儿阶段的发病率占所有恶性肿瘤发病率的30%～40%，出现在我们视野的次数比较多，会让人误以为发病率很高。

在重大疾病保险里，对孩子来说，理赔率最高的重疾是白血病，而孩子容易得的白血病一般都是急性的，如果仅仅是化疗的话，那么费用可能需要三十万元左右。

可是如果化疗结果没有那么好，需要做造血干细胞移植的话，那么就需要化疗、造血干细胞移植和抗排异治疗，总体的费用往往在一百万元左右。

所以，青少年重疾险出险率虽然低，但是重疾的花费真的很高。

提起百万元保额的重疾险，很多人可能会担心保费的问题，担心自己的家庭经济状况能否承担。

真实情况是：给孩子买一个百万元保额的重疾险，真的不贵。

孩子现在能买的保障产品太多了，根据不同的保障期限和保障类型，可以选择多种保障方案。所以只需要看看家庭情况怎么样，然后根据自身的情况来搭配就行。

一个能保基本儿童重疾、白血病保额翻倍的重疾险，保 30 年，所需要的保费往往一年不到一千元。

（2）重疾险不要保太久

父母之爱子，则为之计深远。所以很多人可能会想，那我给孩子买保险，是不是保障期越长越好呢？

我只能跟你说，对了一半。

在孩子 30 岁的时候，一般就经济独立了。在此之前，如果孩子没有经济独立，父母可能会全方面地负担孩子的经济支出，如果孩子出现什么风险，父母也会去筹措费用，但是在他经济独立以后，他可以自己去规划自己未来的生活。

所以，一份保到 30 岁的重疾险，不仅仅可以保到孩子独立，更重要的一点是，还可以方便孩子以后自己规划保险。

一方面，保障中断会促使他去自己规划保险，毕竟新的产品一直在出，也许等孩子 30 岁的时候，会有更新型的保险产品。

另一方面，考虑到通货膨胀问题，旧的保险可能已不再适应孩子长大后的经济环境，这个改变也会促使孩子在经济独立后重新规划保险。

如果给孩子加终身重疾险，可以在保额适度的基础上，看重多次赔付功能。

因为孩子的人生还很长，如果在这个过程中，运气不好得了第一次重疾，那么可以多次赔付的产品就还能稳定地保障第二次重疾的治疗费，而不是说未来就再也没有任何保障了。

（3）重疾险不要保太短

这时候可能会有部分人想到一个问题：好的，你说的很有道理，那这样的话我买一年期的是不是也可以呢？

这就是我说保障期越长越好只对了一半的原因。

一年期的重疾险会更灵活，也会更便宜，但是一年期避不开的一点就是停售和续保。

因为一年期的产品，往往没有写上"保证续保"四个字，这就意味着，如果产品停售了，被保险人无法续保。

买保险，就是为了需要的时候能得到相应的理赔。

一年一年地买，可能买个三四年，产品停售了，就又要换产品。同时，随着孩子年纪增加，保费也会涨。

更重要的是，随着被保险人的年纪增长，在续保期间出险的概率也会增加。

且有的病种理赔是有时间限制的，比如说脑中风后遗症，要求确诊180天后仍然有后遗症才进行理赔。

如果说保障期内出现症状，在保障期结束之前，仍然没达到理赔的时间要求，这个时候产品停售了，怎么办？

过了保障期间才达到理赔条件，保险公司是不赔钱的。

毕竟保30年保费也没有贵很多，还是不要因小失大。

（4）注意重疾险里面少儿病种够不够

买保险产品是不符合我们平时消费习惯的，买东西的时候，一般来说贵的质量相对比较好。可是保险并不一定如此，贵的产品不一定好，甚至还可能很差。

比如很多保险，其实针对的是全年龄段，而在人的一生中，未成年的18年时间只占了四分之一或者五分之一。所以这类产品的侧重点并不在少儿时期（当然有的也有包含少儿病种，但是具体产品具体分析，很多都含不全）。

常见的少儿病种有哪些呢，这里举一些例子。

1）白血病，虽然少儿得重疾的不多，但是儿童和青少年常见的重疾里最高发的就是白血病；

2）1型糖尿病，我们常见的糖尿病是2型的，1型主要高发于未成年；

3）严重脊髓灰质炎，俗称小儿麻痹症；

4）严重哮喘，这个很常见，不过只有比较严重的才会赔付；

5）重症肌无力，高发于1～5岁；

6）严重川崎病，高发于1～5岁，春夏之交发病率高；

7）严重心肌病；

8）瑞氏综合征，儿童在病毒感染（如流感、感冒或水痘）康复过程中得的一种罕见的病，以服用水杨酸类药物（如阿司匹林）为重要病因；

9）全身性幼年类风湿性关节炎。

这里列举了部分高发于未成年时期的重大疾病，我们给孩子买的重疾险，最好是能囊括以上少儿病种。

虽然以上疾病发生的概率不高，但是买保险就是为了不让这种低概率、高影响的事情影响到孩子的治疗。

5.1.5 寿险意义不大

在意外险模块，提到过孩子的额度受到限制，其实受到限制的主要是身故责任的额度。

孩子在买寿险的时候，也会受到保额的限制。所以18岁以下的孩子买寿险的话，赔付的通常是已交保费，而不是赔保额。

银保监会的这个限制，主要是为了防止道德风险。

但是在另一方面，我们也要反思，孩子对家庭有经济责任吗？

如果说孩子生病了、遇到了意外，必要的治疗费用都是需要父母去支出的，在孩子成年之前，他的所有支出基本都是家庭在承担。

所以，在孩子未成年之前，他的保障方案主要专注于他个人的保障即可，而对于家庭的责任不需要太考虑。

少儿定期寿险，一方面额度低，意义不大，另一方面，也希望作为父母的你考虑一下，孩子真的需要定期寿险的保障吗？

【小结】

孩子的保障和大人的略有不同，更注重个人而非对家庭的责任，所以意外险、医疗险、重疾险是重点。

在保障的具体产品上，大部分产品的保费都比较低，在选择时更要注重理赔的范围，具体如下：

医疗险可以包含自费药；

意外险可以包含自费药 / 私立医院治疗费；

重疾险看看少儿病种多不多，以定期保障为主，适当投一些终身的产品，要能多次赔付的。

5.2 给宝宝买保险,非一般情况实操

在给孩子买保险的时候,很多人确定了保险方案,可是在实际的投保操作上,却经常碰到一些小状况,这些情况可能导致需要更换产品,也可能想买的保险暂时就买不了了。

因为有意识给孩子买保险的父母大都是头一回生娃,最多也就是第二、第三回,并不知道在买保险的时候,有哪些内容是没有考虑周全的。那么在这里,我将对这些情况做一个大概的讲解。但是因为保险投保的复杂性个体家庭的差异性、细项要求的不同,都可能造成最后的承保结果不一样,这里仅给大家做一个参考。

5.2.1 早产儿怎么买保险

早产儿通常指的是不足 37 周的活产婴儿,出生体重一般在 2500 克以下,也就是说,早产儿通常伴随着体重过轻这个特点。而且早产儿因为出生过早,在免疫力等方面,相较于足月出生的婴儿要差,所以生病概率更高。

在早产儿的投保中,需要注意以下内容。

医疗险:28 天健康出院后,提供出生证明和完整儿保手册,然后保险公

司根据具体情况核保。

重疾险：通常建议2周岁以上再投保，如果儿保手册中孩子的状况比较好的话，1周岁以上也有不少保险公司可以投保。如果28天健康出院，仅有少数的保险公司可以投保，因为核保政策随时可能会变，这里就不推荐具体的保险公司了。

5.2.2　宝宝生病了，怎么买保险

孩子出生以后，因为免疫力低，有可能会得一些新生儿常见病，比如说黄疸、新生儿肺炎等，还有一些新生儿可能患有常见的先天性疾病，比如说卵圆孔未闭。

感冒、发烧，对重疾险投保基本没影响，医疗险可能会要求孩子病愈后3个月再投保。因为这些疾病有可能变成肺炎，短期内住院风险高。

黄疸分生理性黄疸和病理性黄疸。生理性黄疸已痊愈的情况下，一般不影响投保，有的保险线上产品还会特别说明这种情况不用告知。病理性黄疸则要看愈后具体的情况，有可能需要延期投保。

新生儿肺炎这种急性肺炎，线上不少保险产品也是不要求告知的，线下产品的告知一般也不影响核保。如果后面发生了多次肺炎，对买重疾险影响不大，买医疗险可能会被短期除外，若几年不复发则会取消除外。

在先天性疾病方面，最常见的就是卵圆孔未闭，如果给孩子投保的话，短期内投保的要求可能会被延期，等卵圆孔闭合以后，就可以正常投保。通常，大部分孩子一岁到两岁时，就自然闭合了。

5.2.3　试管儿、领养的孩子，怎么买保险

很多人因为身体等各种各样的原因，选择了体外人工受孕（做试管婴儿）或领养。

试管儿如果是足月健康出生的，那么投保就是按普通投保流程，少数免核保的产品需要做人工核保。如果有早产等情况，参照早产儿投保注意事项。

领养的孩子，在办完正规领养手续后，可以由法定监护人给孩子买保险，走正常的核保流程。

5.2.4 爷爷奶奶、叔叔阿姨等长辈想给孩子买保险，可以吗

在现实中，经常遇到亲戚想给孩子买保险的情况。

对于爷爷奶奶这一辈人给孩子买保险，属于隔辈投保，大多数保险公司都是不支持这个功能的；少数保险公司要求孩子 10 岁以上，可以隔辈投保；极少数保险公司支持隔辈投保，并且不要求年龄。

叔叔婶婶这一辈的人想给孩子买保险，只有有血缘关系的亲属才可以，比如说有血缘关系的叔叔可以，但是叔叔的媳妇不行。

只有少数保险公司支持这类投保，并且把这一条作为核保特色，也就是可以给第二顺位继承人买保险，一般都是只能给第一顺位继承人投保的。

5.2.5 离异了，怎么给孩子买保险

随着离婚率的攀高，单亲家庭也越来越多，有的人可能在离婚的时候没有拿到抚养权，就希望给孩子买一份保险，作为自己不能常常陪伴的心意。

在法律上，不管有没有离婚，孩子的亲生父母都是孩子的法定监护人，这个法定监护权不随着离婚而消亡。

那么在给未成年的孩子投保时，被保险人处的签字通常是由法定监护人代签，所以即使离婚了，想给孩子买保险也是没有问题的。

给孩子买保险的问题就先说到这里，在实操中，还有可能会遇到更多的问题，但是在书里无法言尽，大家只能在与保险销售人员的实际沟通中去解决。

5.3　怎么给自己买保险

能阅读这本书的人，通常是成年人，年龄大多应该在 20～50 岁之间，这个年龄正是家庭的顶梁柱，或者即将成为一个家庭的顶梁柱。

这一节的"自己"，指代的不仅仅是你自己，也是站在自己角度考虑的其他人。

中青年去投保，看重的是"自身保障＋家庭责任"的双重结合，但是具体我们应该怎么搭配，需要结合自身的具体情况，包括经济状况、健康状况等。

在这里，我们主要讲以保障为目的保险，年金险作为一种投资，暂且不谈。

5.3.1　给自己买医疗险

作为一个成年人，参加工作以后，社保基本上就是标配。

社保中的医保，作为一种不会拒保的医疗保险，是我们就医时坚实的后盾。

以北京为例，2019 年在职职工的医保报销比例是这样的，如表 5.1 所示。

表 5.1 北京市 2019 年在职职工医保报销比例

类别		起付线	报销比例
门诊	社区卫生服务机构	1800 元	90%
	非社区卫生服务机构	1800 元	70%
住院	1300～30000 元	1300 元	三级医院报销比例 85% 二级医院报销比例 87% 一级医院报销比例 90%
	30001～40000 元		三级医院报销比例 90% 二级医院报销比例 92% 一级医院报销比例 95%
	40001～100000 元		三级医院报销比例 95% 二级医院报销比例 97% 一级医院报销比例 97%
大病	100001～500000 元		报销比例 85%

从表 5.1 中可以看出，社保赔付的比例不低。假设一次在三甲医院住院花了 10 万元，其中 6 万元是社保内用药，那么社保可以报销的金额比总花费的一半还多。

至于社保的起付线以内和赔付比例之外的部分，以及自费药部分，就是我们需要用医疗险来转移的风险了。

近期网上爆出很多高额的医疗收费单据，医疗发票上一百多万的数字看得人触目惊心，可是部分城市的医保报销的总额度并不多，像北京，社保内用药最多报销 50 万元，自费药另算。所以这种上百万元的高额医疗花费，即使有社保报销，对很多人来说依然是难以承担的。

虽然这种高额医疗身边很少有人会遇到，但是我们买保险，就是为了能有足够的经济条件来面对这种小概率事件。

现在主流的医疗险，基本都有较高的额度，在几十万元到几百万元之间，并且可以报销社保内用药和自费药。这样的话，在住院以后，可以经过社保先赔付其中一部分社保内用药，剩下的部分再去申请商业险的理赔，这样下来，自己需要自费的部分就极少了。

所以成年人，在必备的社保之外，一定要给自己买一份医疗险。

如果是年龄稍大或者有一些健康项目需要告知的人，但住院概率不高，即使住院的话，也完全可以自己承担其中的一部分费用。那么在医疗险方面，可以考虑百万医疗险，也就是保额上百万元的医疗险。这类保险要求必须先经过社保理赔，然后再扣掉一万元的免赔额，剩下的合理且必需的费用，可以100%报销。

这样的话，每年用几百元的保费，就可以获得核保政策比较宽松的上百万元保额的医疗保障。如果住院的话，自己只需要支付一万元左右，剩下的大部分风险都可以转移出去。

如果是相对年轻的成年人，或者希望保险保得更全面的人，可以考虑"0"免赔额的中端医疗。

这样的话，一般的疾病/意外住院都可以得到理赔，并且一般可以报销住院前7天、出院后30天的门急诊费用。

选择这类保险，只要发生医疗必需的住院（非整容、核爆炸等），就可以得到理赔。其保费通常略高于百万医疗险，一般在一千元左右，也是一个高杠杆的保障，并且保得更多。

5.3.2 给自己买寿险

成年人的生活，没有容易两个字。

因为伴随着我们成年的，是温暖而沉重的责任。

我们不再需要父母去抚养我们，而是开始经济独立，自己养活自己。

我们想要的东西、想要的生活，也开始慢慢靠自己的双手去创造，去得到。

从养育孩子到赡养父母，都是我们对家庭的责任，也是寿险需要保障的内容。

如果有一天，"我"不幸先走一步，在经济上能给家人留下什么？

如果是成家之前，需考虑自己有多少房贷，其他人是否能承担得起，希望给父母留下多少的养老金以报答他们多年的养育之恩。

如果是成家之后，还需考虑配偶能不能承担起家庭的经济支出，每年有多大的缺口，我希望能保障他/她多少年的生活。

如果是有了孩子以后，除了考虑父母和配偶，还要考虑孩子还能不能继续接受正常的教育，如果他有某一项天赋，还能不能有足够的资金去支撑他的学习。

具体的寿险保额，需要根据家庭的经济状况和对未来的期望而定，不同的家庭，所需要的额度也不一样。

寿险，保的是家庭成员基本的生活，即使家庭经济支柱不幸意外离世，家人也能有一段经济过渡期。

5.3.3 给自己买意外险

意外险，是我们意外致残时最重要的保障。

一旦伤残，会面临一系列的困难，比如：无法保证自己的生活支出来源，难以像之前一样承担家庭的生活支出，无法保证孩子未来的教育支出，无法保证自己能尽到对父母的赡养责任。

所以，我们在考虑意外险时，一定要充分考虑到，这个意外险的额度。

额度太高，保险公司不会承保，保费也难以接受；额度太低，在意外来临以后，又无法起到应有的作用。但是这个额度，至今并没有一个公认的最合理的数字和一个明确的计量方法。

在这里，只能根据我的从业经验，给出一个可以参考的计算方式。

这个额度，建议要能弥补家庭的经济支出缺口，并乘以一定的年限。

比如说家庭一年支出30万元，自己一年收入20万元，配偶一年收入20万元，那么一年的经济支出缺口就是10万元，如果离自己退休还有20年，10

乘 20，也就是需要 200 万元保额的意外险。

而 200 万元保额的意外险，一年保费不超过 1000 元。

如果说家庭一年支出 30 万元，自己一年收入 10 万元，配偶一年收入 35 万元，家庭经济支出缺口是 0。这种情况，要保证配偶的保额足够，另一方面，自己的意外险保额也不建议低于 100 万元。

按照这种算法，如果你算出来的保额很高，那通常也意味着你的家庭责任很重。

在这种配置下，只要投保的医疗险没有停售，那么医疗险就可以覆盖我们的医疗费用支出，而意外险可以一次性给付一笔钱，保证我们后期的康复治疗和未来的生活。

如果医疗险停售了，那么数百万元保额的意外险，也可以让我们的就医得到一定的保障，并且在一定程度上可以保证康复治疗和未来的生活支出。

5.3.4 给自己买重疾险

在现在的人身保障保险市场，保费占比最高的是重疾险。

不同的重疾险其保障形式、保费都有很大的区别，所以在我们投保保险的时候，重疾险该怎么买、怎么搭配，也是一个需要注意的内容。

（1）重疾险的第一个功能：重疾时的医疗支出保障

重疾伴随着的，常常是较高的医疗费用支出，但是在有医疗险的前提下，重疾的医疗费用保障功能相对较弱，只有在医疗险停售时，才会起到这一部分的作用。

所以这一块的额度可以暂定为 30 万元～50 万元，也就是重大疾病一般需要的治疗费用。

（2）重疾险的第二个功能：重疾后的收入损失保障

在重疾后，一定时间的疗养非常重要。在这一段时间里，如果我们没有足够的积蓄，那可能就不得不去工作，而繁重的工作可能会让我们的治疗效果没有那么好。

所以，在重疾后，拿到一定额度的钱，保证充分的康复治疗和调养，可以说是十分重要的。

因为生病后的收入损失和疗养费用难以估算，可以先定为能保障5年的经济支出。

比如说，一年的收入是50万元，支出是25万元，如果说按5年的收入来算，那么保额较高，保费压力较大。所以按支出来算更为合理，在生病后，减少的社交、日常生活的部分费用，可以用来弥补康复的费用和自己的基本支出。

（3）重疾险的第三个功能：传承

现在的重疾险，通常都包含了寿险责任，也就是说，如果我们终身都没有重疾出险，仅仅是轻症、中症这些责任出险的话，那么被保险人身故之后，这笔钱还可以赔偿给家人。

对于一部分人来说，他们很担心自己买的保险浪费了，所以这个寿险责任正好作了补偿，保证在最后一定能得到一次基础保额的理赔。

但是对于部分不婚族或丁克家庭来说，就没有这个传承的需求。对于这些人来说，买纯粹的重疾险就更加合适，不需要附带寿险责任，这样也可以得到更高的杠杆。

所以在我们规划重疾险的时候，主要看这三个功能。针对前两个功能，需要考虑的是你应该买多少额度，第三个功能则影响你需要买什么样的产品。

如果预算充足，那么可以选择保障更齐全的产品。

如果预算没有那么充足的话，可以适当降低对保障全面的需求，选择一些包含核心的重疾保障，而没有身故等责任的产品。毕竟保额的充足是第一位的。

重疾险保得再全，如果出险了赔付的金额很低，那么其作用将微乎其微，又有什么意义呢？

【小结】

对于想买保险的中青年来说，买保险是"保障+责任"的双重组合，主要体现为：医疗险、意外险、寿险、重疾险。

这四个产品有重叠的部分，但是彼此之间不能完全替代，所以对我们来说，要根据自身的经济情况，来确定我们所需要的保额。

在设计保险方案的时候，一定要注意保额是否充足，在保额充足的前提下，再根据预算来搭配不同的产品。

5.4　中青年买保险有哪些需要注意的地方

在给自己买保险的时候，应综合考虑各种因素，只有这样设计出的保险方案才会更适合我们。

5.4.1　健康状况

在与保险销售做规划时，一般都会问到健康状况。

而这里的健康状况，包括平时的门急诊、住院、手术记录，以及体检结果。

很多人平时没怎么去过医院，体检结果也没有大问题，可是如果仔细看体检报告，却会发现上面有很多被医生说没事的小异常。

比如，结节、增生、超重、脂肪肝等情况，这些问题，体检的时候医生一般会说没有大问题，平时多注意饮食，不要生气。

可是在核保时，核保人员就会觉得，有结节的人比没有结节的人患病概率更高。

这个是临床医学和核保医学的区别：临床医学看的是当下这个症状对这个人的影响，核保医学看的是有当下这个症状的这个人，在几十年内患病的概率是不是更高。

这就是为什么很多人认为自己是完全健康的，可是一买保险却千难万难。所以一定要正确审视自己的体检报告。

可是这也带来一个看似荒谬的事情，就是从核保的角度，从来没体检过的人，可能比年年体检的人身体状况要好。

如果有门急诊、住院、手术等情况，则根据实际情况告知即可，不同的就医情况，会有不同的核保政策。

5.4.2 代开药

在部分地方，代开药是一种很普遍的情况。

但是代开药分为两种，一种是用个人账户去药店开药。

这种情况，不同的地方政策不一样，有的城市给出的政策就是个人账户可以由个人自主支配，可以去买各种药物。这个一般对投保没有影响。

另一种代开药是用自己的医保卡，去医院挂号给亲戚开药，甚至是挂号让亲戚去体检/住院。

这种情况其实是不合法的。

在这种情况下，不管我们实际有多么健康，在医院有了就医记录，而这个就医记录是属于持卡人本人的，就会影响核保。

举个例子，像高血压这种情况，是可以用药物控制的，后期体检很确定这个人血压正常不是药物控制的结果。那么这个时候被保险人如果说与高血压相关的就医记录不是自己的，保险公司也通常会不予认可。

此外，把自己的医保卡借出去这种行为，在保险公司眼里看来，这个人就是有骗保的倾向的，对于这类人群的核保就会更加严格。

所以，代开药这种事情，一定要慎重，现在已经有很多人因为这个情况而被拒保了。

5.4.3 风险运动

随着社会的发展，越来越多的人开始接触一些户外运动，比如登山、骑行等。

但是还有很多其他的户外运动，比如说冲浪、滑翔伞、潜水等，在保险公司眼里，这些属于高风险运动。

如果有高风险运动爱好的人，保险公司可能会收紧相关的核保政策。

5.4.4 职业

社会的复杂性决定了职业的丰富多彩，无论什么样的职业，都会有买保险的需求。

很多人都是在办公室里工作的，这种职业对于买保险没有什么影响。

但是对于部分职业，由于其工作的特殊性对买保险会有不同的影响。

比如，需要高空作业（只要2米以上就算是高空作业了）的工作，以及需要去工地视察的工作，这类职业的从业人员在买意外险的时候会受一定的限制。

下矿一类的工作，基本都会拒保。

飞机的机长，想买意外险也非常困难，只能买极少数高保费的意外险。

所以在规划保险的时候，职业也是需要考虑的。

5.4.5 家族病史

在投保的时候，会问到有没有家族病史。

这里面包含了癌症、高血压等情况。

如果是"三高"的话，一般对核保没什么影响。

如果是女性的直系亲属有乳腺癌，那么有的保险公司会规定除外责任，这时就要考虑不会规定除外责任的保险公司。

如果是直系亲属有心血管方面的疾病，则可以关注一些对心血管保障更全面的产品。

5.4.6 孕妇能不能买保险

在怀孕期间，医疗险只能买孕中险，也就是报销生育相关并发症和新生儿疾病的医疗费用。

重疾险一般要求怀孕 28 周以内和分娩 1 个月以后才可以投保，并且一般会有限额。

定期寿险也是，如果已怀孕，那么也是要求 28 周内或分娩 1 个月以后才可以投保。

意外险这部分，怀孕投保是不受影响的。

现在，保险行业中标准体况的客户越来越少，非标准体况的客户越来越多。

所以，大家在投保的时候，一定要谨慎，要根据自身的情况，选择最合适的产品。

5.5　怎么给父母买保险

先说一下本节的大前提，子女能给父母买保险的情况下，这个父母的年龄通常是大于 50 岁的。所以以下内容，主要针对的是 50 岁及以上的人群。在保险能保障的内容上，主要能考虑的有以下几个方向：重大疾病、残疾、高额医疗、传承、养老。

养老这个问题过于广泛，此处暂不做分析。我们先来讲一讲保障的其余四个方向。

5.5.1　给父母买重疾险

（1）父母买重疾险，真的很贵

重大疾病方面，面临的一个问题就是，年龄越大，出险概率就越高，所以保费也越高。不少产品在 50 岁以上就已经出现保费和保额倒挂，也就是总交保费比保额还要高。

举个例子，50 周岁的人，投保单次赔付带身故责任的重疾险，10 万元保额，交 20 年，男士一年 4477 元，女士一年 4011 元，合下来总交保费分别是 89540 元和 80220 元，这已经差不多是行业最低水平了。

其他同类产品只有高没有低。和这样的高保费对应的是较低的保额，杠杆确实低。

如果说给父母买 50 万元保额的保险，每个人每年需要的保费就得两三万元了，这对于大部分家庭来说，都难以承受。所以在这个基础上，老年癌症相关的产品越来越多。

防癌险就是在重疾险的基础上，减掉了癌症以外的所有责任，只保癌症和早期癌症，理赔范围的狭窄带来的是保费的降低。我们还是以 50 岁举例，10 万元保额保险的保费就变成了男士 3329 元，女士是 2519 元。

目前市场上的防癌险主要有两种，一种是交 5 年保 5 年 / 交 10 年保 10 年，另一种是交一定年限保终身。

第一种产品，如果 5 年 /10 年到期了，可以保证续保，也就是后面还可以继续买，相当于是保多少年交多少年。但是保费会上涨，身故赔付的是当期已交的保费，也就是当时那一个 5 年 /10 年期已交的保费。

第二种产品，保费是恒定不变的，但是前期的年缴保费会比第一种多，相对来说前期压力会大一点，身故责任赔的是已交保费。

（2）父母买重疾险，怎么买

在买保险的时候，我们会发现有一个叫免体检保额的东西。免体检保额，是指如果没有健康告知的话，在这个保额是不需要体检的。随着年龄的增加，免体检保额会越来越低，在 50 岁及以上，免体检保额一般只有 10 万～20 万元，甚至有可能为 0。

那么有人会想，我让父母去体检后再来买高保额可不可以呢?

这里就有一个问题，那就是，如果体检的话，很有可能会查出新的健康问题。在投保的同时查出一些新问题，比如说乳腺结节、肺结节等，就有可能除外甚至延期。也就是说，本来能正常承保的保单，有可能受到影响。

所以，如果有高保额需求，建议先买一个免体检保额以内的保险，比如说 10 万元或者 20 万元的保险，等承保生效了，过了等待期，再去买需要的保额产品。如果体检查出来新的问题，那么还有一份免体检保额的保险可以作为保障。

当然，这一切的前提是建立在没有任何健康告知的情况下，如果有健康告知项目，且被保险人没有提供近期 6 个月的检查报告，保险公司就很有可能会要求被保险人体检。

在前面，我们提到了，父母能买的疾病险有重疾险和防癌险两种。如果说父母在 60 岁以下，虽然保费高，但是大部分重疾险还是能买的。如果到了 60 岁，基本就只能买防癌险了。

（3）父母是否能通过保险公司的疾病保险核保

随着年龄的增加，人的健康状况往往也是越来越差的。重疾险的核保特色是加分制，告知一个内容，会有对应的评点，评点加到一定程度，会要求除外、加费、延期、拒保。也就是说，一些常见的情况，比如乳腺增生、子宫肌瘤、乳腺纤维瘤，如果体检查出来有这些问题，还是有机会正常承保的。

如果是二级以上乳腺结节、甲状腺结节等，可能就会被除外。

如果是小三阳，可能会被加费。

但是还有一些状况，比如患者"三高"、心脏病等，在重疾险的核保中就会很困难。在重疾险的病种里，会有对应的一些重疾，评点加得多，核保基本都过不了。

这种情况，买防癌险就比较合适，因为"三高"等和癌症关联不大，评点上没什么影响，在核保的时候通常就能正常核保。

根据以上内容，给父母买疾病类保险，总结如下。

重疾险略贵，保费总是倒挂，但保障全面，老年高发的心脑血管疾病也有保障，可核保严格，大部分父母可能都过不了保险公司的核保。

防癌险略便宜，但是只保癌症，核保宽松，保额通常只能买 20 万元，父母基本都能通过核保。

5.5.2 给父母买医疗险

医疗险的特点是可以报销住院费用，如果住院，基本就能理赔。随着年龄的增长，生病的概率也会越来越高，所以对于我们父母辈的人来说，住院医疗就显得非常重要。但是，市场上医疗险的种类相当多，我们来看看，这些不同类型的医疗险都有哪些特点。

（1）中端医疗险

以某中端医疗险为例，这种医疗险是没有免赔额的。也就是说，只要住院就能得到理赔。这款医疗险要求首次投保年龄不能超过54周岁，如果父母年龄不超过54周岁，那么还能投保。

但是因为其理赔门槛较低，也就意味着核保很严。如果有一些既往病史的告知，那么告知的项目一般都会被除外，严重一些的还有可能会被拒保。所以说，这类型的产品父母很难过核保这一关。

（2）百万医疗险

百万医疗险指的是有1万免赔额，保额在1百万元以上的医疗险。它通常要求被保险人在60岁以内，少数产品65岁也能投保，续保最高一般到105岁。

百万医疗险的核保比中端医疗险要稍微宽松一点，一般在告知页面有几条内容，如果不符合就可以直接投保了。但是如果符合这几条内容的话，之后需要告知的项目也是很多的，所以核保并不是那么容易通过。并且百万医疗险可投保年龄较低，很多父母已超出年龄。

（3）老年医疗险

这种产品一般是51周岁到80周岁期间可以买，在保障方面，不是所有的住院医疗都能得到理赔。

它有一个病种范围的限制，也就是说，只有达到部分病种的理赔要求，相关的医疗费用才能赔付。如果没有达到病种的要求，是无法得到赔付的。

这种医疗险主要是放松了年龄方面的限制，但在核保上并没有太放松，它的核保和百万医疗险类似。

有个别产品，针对糖尿病和高血压放松了核保政策，只要达到一定的条件就可以投保，不过投保年龄仅限于 55 周岁以内。

（4）防癌医疗险

这个产品一般是 70 周岁以内都能买。防癌医疗险和防癌险一样，只能保障癌症。在核保上也延续了防癌险的核保优点，对于很多和癌症没什么关系的疾病，都比较宽松，像有"三高"、风湿病、心脑血管方面疾病的人，都可以正常投保。

需要注意的地方是，如果健康状况良好，60 岁以内可以选百万医疗险或中端医疗险；60 岁到 80 岁可以考虑老年医疗险；病史较多的话，就只能建议选防癌医疗险了。

医疗险这块，能买就是好事，毕竟保费低，理赔条件也低，能发挥很充分的保障。

5.5.3 给父母买意外险

在意外险方面，主要保障的是意外残疾和意外身故。

大部分普通意外险只能保到 60 岁，所以如果年龄不到 60 岁，那么就买普通意外险就可以了。这种情况下，根据自身的经济状况尽可能选择高保额：毕竟一旦致残，多一分赔付就多一分保障。

投保时只需要注意符不符合投保要求：比如有的意外险要求达到一定的收入才能买到对应的保额。

如果年龄到了 60 岁，那么可以考虑老年意外险。

这种意外险的保额一般不会太高，20 万元左右，再加上意外伤残按比例赔付，伤残的时候能赔付的金额并不是很高。所以在这一块，还是需要加强自身的储蓄，不然一旦发生意外致残，治疗费用、义肢等费用都不是一笔小钱，并且是需要长期支出的。

老年意外险的特色是会增加骨折保险金，也就是说，如果意外骨折了，被保险人除了可以得到医疗费用的理赔，还能得到一笔骨折保险金。

虽然骨折保险金金额不是很高，但是多一个保障自然更好。

5.5.4 给父母买寿险

子女超过 30 岁后，我们父母这一辈的人，基本已经不再承担太多的家庭责任，在这个情况下，他们再去买寿险，并不是靠定期寿险来保障自己对家庭的责任，而是考虑，自己手里的资产如何更有效地传承给下一代。

部分的富有人士可能会担心遗产税对自己资产传承的影响，我国虽然还没有开征遗产税，但在有遗产税的国家，寿险作为免税产品，自然受到了有这一担忧人群的认可。

还有一些人则是希望自己财富的传承也能有一定的杠杆，即使是六七十岁投保终身寿险，也可以获得一定的杠杆，让自己的后代得到更多的财富。

在此之外，终身寿险的一个优点就是可以指定受益人，想给谁多少比例，就可以设定为多少比例；如果自己想要变更，可以随时在保险公司的柜台办理受益人变更，比变更遗嘱要方便很多。

传承，是一个很家庭化的事情，不同的家庭在这方面的需求是完全不同的，所以这个必须要根据家庭的状况，以及对产品的具体要求来定，这里没有办法给出一个简单且通用的方案建议。

【小结】

有心思给父母买保险，当然是好事。只是人的年龄越大，身体状况会越差，所以随着健康状况的变化，保险公司的核保也会发生变化。在这个时候，要先了解父母的情况和能够承受的预算，然后针对性地看能买什么类型的保险产品，再去配置相应的方案。

在父母还能买保险的时候尽早配齐，好过未来不能买的时候再去担忧。

第 6 章

不同情况的家庭怎么配置保险

很多人都是有了孩子以后，才开始想要了解保险的。

对于一个家庭来说，想买保险需要进行整体规划，你的收入决定你能承受多少保费，支出和负债决定了你需要多少保额，健康状况决定了你能买什么样的保险。

不同的家庭，虽然构成不同，但是整体需要的保障内容区别不大，主要都集中在医疗险、重疾险、意外险、寿险，只是其中的搭配方式、着重点有着细微的区别。

在讲具体内容之前，需要达成一个共识，那就是保费预算怎么确定。

一般市场主流确定方式是把保障型保费的预算定在年收入的 10% 左右，这是市场共识，也是一个比较合理的数字。这个额度一般可以买到够用的保额，保费也不会给家庭造成太大的压力。

那么在这里，我们统一将预算定在年收入的 10%，当然，不同的家庭会在同样的保费预算内选择不同的保障责任搭配方案。

6.1　10 万元年收入的家庭怎么买保险

10 万元年收入，可以说是我国大多数家庭的年收入水平。

这个收入的家庭，一般集中在二三线及以下的城市，在消费、房价、教育上面需要付出的成本不高，但是大部分人的涨薪速度也相对较慢。根据最新数据，这个收入段的负债率也是最高的。

这些家庭的房子，可能已经在上一辈的帮衬下买好了，家庭支出主要为教育支出、日常消费等，能够存下来的积蓄是比较少的。

这里我们以30周岁男、30周岁女、2周岁女宝宝这样一个家庭构成，来举个例子。

（1）医疗险

首先，一家三口都必须要办理社保，这个是基础的医疗保障，同时也要确认一下自己的父母是否有医保。

这种情况下的家庭，一旦生了比较严重的疾病，大概率会前往医疗条件更好的地方进行二次确诊。

但是前往异地就诊存在诸多不便，那么可以选择带住院绿通服务的住院医疗险。这样在当地初次确诊后，只要跟保险公司申请，就可以让保险公司给安排去××医院就医。被保险人只需要在约定的时间到达医院即可，并可以在该医院进行后期治疗。

这种安排，后期的治疗费用报销为：由当地医保先行赔付，剩下的部分可以由医疗险报销。

如果在外地就医，可直接用医疗险报销，一般只赔付60%。被保险人可以先办理医保异地报销手续，然后再用医疗险报销。

（2）重疾险

重疾险是认可度非常高的一个险种，也是很多人在投保时的首选。

在收入不高的情况下，重疾的治疗费用和后期的疗养费用，对我们经济的影响更大。

医疗险的保障虽然好，但是医疗险不能保证续保的特性，决定了它的保障是不稳定的。

而普通收入人群的抗风险能力相对较弱，对稳定保障的需求更强。

所以这一类人群，在买重疾险的时候，要以保额为前提，然后根据保额和自己能接受的保费，再来选产品。

因为重疾的治疗费用一般在 30 万～50 万元，所以建议保额最低不应低于 30 万元。

如果是 30 万元的保额，按纯重疾产品的保费来计算，夫妻二人各 30 万元保额，加在一起的保费可以在每年 7000 元以下。

如果说年龄低于 30 周岁，那么保费还会得到一定削减；如果年龄高于 30 周岁，到了 40 岁左右，那么只能建议压缩保障期限，比如保到 80 周岁，或者适当增加预算。

在这里要注意一点，如果说保费在可承受范围内，一定不要轻易地缩短保障期限。

比如，两个人加起来 7000 元的保费，各保 30 万元，这个是一般家庭都能承受的。

在这个前提下，如果将保障期限改为 70/80 周岁，固然保费会得到降低，但我们在保障期外便没了保障。

因为随着我国平均寿命的不断提升，以后的平均寿命可能会变成 90 多岁。得重疾的人，比例其实没有那么高，我们极有可能活到了 70/80 周岁，但仍未出险，可是这个时候的我们，仍然需要保障。

所以，一份保终身的重疾险，能让我们在年老之后一旦发生重疾，有效降低自己/子女的经济负担。

因此，在保费能承受的前提下，一定不要轻易减短保障期限。

孩子的重疾险这部分，建议以定期消费型的产品为主，保到孩子 30 周岁，这样保费通常不超过 1000 元，并且针对性更强，保额也更高。

如果孩子选择终身型产品，那么保费将在三五千元，势必会超出 10% 的年收入的预算。为了让家庭成员都获得充足的保障，给孩子买定期险是最优的选择。

（3）定期寿险

我们在重疾险模块提到，因为预算有限，所以我们的重疾可以着重考虑纯重疾险。

市面上的纯重疾险，主要保障的内容是重大疾病、中症、轻症，是没有寿险责任的。

在这种情况下，如果人得了重疾还没有达到理赔条件就身故了，那就有可能得不到赔付。

基于此，家庭经济支柱在家庭责任高峰期（当下至退休期间），是需要额外增加寿险的保障的。

那么这个寿险的额度，最基本要能弥补家庭的日常支出缺口，和家庭其他成员无法承担的债务部分。

比如，10万元的年收入，丈夫年收入7万元，妻子年收入3万元，家庭一年的年支出5万元，房贷一年2万元。

在这种情况下，丈夫是家庭的主要经济支柱，其寿险保额最少得是（家庭年支出＋房贷－妻子年收入）×需要的过渡年限，这个年限可以是10年，也可以是到孩子成年。

妻子保额的计算方法，也是一样的。

（4）买意外险

在为什么要买意外险部分，我们提到了，买意外险是为了保障意外伤残以后我们的疗养和日常花销。

这个收入水平的家庭，家庭年支出可能在2万～10万元之间浮动，如果是还需要父母补贴的，就无法计算了。

意外险保额的算法不固定，我建议可以定为"年支出缺口金额×20年"，这样计算出来的保额不会太低，但是保费又还能承受。

意外险最低不建议低于100万元，这样的话，即使按比例赔付，也能得到不算太低的一笔钱。

总结，在这样的家庭收入水平下，买保险的侧重点，如表 6.1 所示。

表 6.1 10 万元年收入的家庭买保险侧重说明

保险	侧重说明
整体方案	极高性价比，保额足够
医疗险	百万医疗险/中端医疗险，可以考虑带住院绿通服务的产品
重疾险	杠杆更高的纯终身重疾险，不含身故责任
寿险	能保障到自己对家人的经济责任，足额，足期
意外险	额度需要稍微高一些，转移意外伤残后的经济问题

这样的整体规划，偏重高杠杆，年保费预计在 1 万多元。

6.2　30万元年收入的家庭怎么买保险

30万元年收入可以说是目前一二线城市很多家庭能达到的水平。但是在一二线城市，这个年收入水平的家庭的储蓄不会太多，要是有孩子的话，储蓄会更少。

在三四线及以下城市，这个年收入则属于偏高的收入，这种收入水平的家庭有着相对宽裕的生活状态。

整体而言，一个家庭处于这个收入水平，可以更加讲究生活质量，但是依旧很难达到"超市自由"。具体情况仍然要看他们所处的家庭状态，如果需要还房贷、养小孩，可能压力会不小；如果是两个人刚结婚没有债务，或者孩子已经独立了，那么这个收入两口子过日子还是比较轻松的。

这个收入的家庭，在保障上的侧重点不再是追求最高的性价比，因为他们的条件已经宽裕了一些，可以稍微考虑一下保障责任更丰富的产品，但是他们的家庭责任依然很沉重，对抗风险的能力较为薄弱，所以保额依然很重要。

这里我们以30周岁男、30周岁女、2周岁女宝宝这样一个家庭构成，来举个例子。

（1）医疗险

对这个收入水平的家庭来说，社保是标配，在我们生病的时候，社保也可以起到一个比较稳定的保障作用。同时需要注意，自己的孩子和自己的父母，是不是也参加了社保，如果没有，需要尽快补上。

在医疗产品的选择上，如果健康状况较好的话，比较推荐没有免赔额的住院保险，也就是中端医疗，这样可以作为社保的完美补充，基本上只要住院就可以得到理赔。

这种"0"起付线的医疗险，保费也不会太高，只包含医院普通部且报销自费药的话，一个人的保费一般不会超过1000元。如果被保险人年龄大，就要另说了。

如果健康状况相对来说没有那么好的话，就需要优先考虑百万医疗险。

虽然百万医疗险和中端医疗险都在条款里写明：不承保既往症。也就是说，承保前存在的症状，在承保后导致的医疗，是不予赔付的。

但是中端医疗险需要进行健康告知，在核保时基本上会将告知的健康问题作为除外免责项目，不除外的项目则理赔没有影响，比如肺炎。

百万医疗险在健康告知上就比较宽松，很多问题不会问到，只是条款注明了不保既往症。

两种产品都不保既往症，区别在于，一个会给除外的核保函，另一个不会。

在很多线上产品的投保中，都会问到之前有没有被其他保险公司除外过，如果有的话就不能买了，因为线上产品大多不支持人工核保。

所以，有除外历史的话，会影响到未来投保其他的线上高性价比产品。

具体怎么选，还是要看健康状况。

（2）重疾险

重疾险有两种，主流的一种是带寿险责任的重疾险，另一种是纯重疾险。

对于这个收入段的家庭来说，可以适当选择带寿险责任的产品。

这样的话，在我们有生之年，如果不幸地得了重疾，那么可以得到重疾赔付；如果这一辈子都没有得重疾，在终老之年，还可以把这个作为一份遗产，留给我们的下一代。

在保额的选择上，前面我们提到，重疾险需要转移的风险，主要是重大疾病的治疗费用，以及重大疾病后期的疗养费用。

对于普通收入的家庭来说，用重疾险同时解决这两个问题，保费压力会比较大。

所以，在医疗险没停售的时候，医疗险的保额应能覆盖治疗费用，重疾险应能保障后期的疗养费用。

如果医疗险停售了，那么重疾险的赔付款优先考虑用于治疗，治好了再看能不能覆盖到疗养费用。

在这个逻辑关系下，我们首先考虑的是得重大疾病以后3～5年的疗养费用，因为疗养院费用不能确定，有的人需要持续使用呼吸机，有的人只需要静心休养，无法提前预算具体的费用，所以我们一般用一年基础生活开支来算。这个生活开支包括了生活费用、在孩子教育上的支出等，按照个人的收入比例来分配支出比例。那么这个额度，可以暂定为一年10万元，5年则是50万元，这个可以根据家庭收入占比再进行调整，但是最低也不建议低于5年30万元，因为要保证在医疗险停售以后，至少还有一笔保额来做治疗费用。

30周岁的夫妻，各50万元保额的重疾险，一年的保费可以控制在1.5万元以内。

如果说年龄较大的话，比如说40周岁以上的夫妻，那么在预算不变的前提下，可以选择纯重疾险，来保证较高的保额。

孩子的重疾险这一部分，依然建议以定期消费型的产品为主，保到孩子30周岁，这样保费通常不超过1000元，并且针对性更强、保额也更高，可以保证孩子在经济独立之前，能够有一份高额的保障。

如果给孩子选择终身型产品，那么保费将在三五千元左右，势必会超出

10%的年收入的预算。为了让家庭成员都获得充足的保障，给孩子买定期险是最优的选择。

（3）定期寿险

30万元年收入的家庭，虽然生活相对宽裕，可是家庭的经济压力还是不小，对于单经济支柱的家庭来说，家庭经济支柱更是一个人的肩膀上扛了好几个人，非常不容易。

在这种情况下，定期寿险的重要性会依然很高。

定期寿险，其实就是保证我们身故以后，能给家人留下一笔钱。

我们需要留多少钱，主要看家庭一年支出的缺口是多少，以及家庭的债务是多少。

在这个额度的前提下，被保险人希望保障家庭成员多少年的经济水平不变，就再用额度乘以多少年。

比如说30万元的年收入，丈夫一年20万元，妻子一年10万元，家庭年支出10万元，房贷一年10万元，父母一年需要4万元的养老金，在这种情况下，一旦丈夫身故，家庭一年的支出缺口就是14万元。如果想保证家人10年的生活水平不受影响，那就需要140万元的保额。一旦妻子身故，家庭一年的支出缺口就是4万元，那么妻子就需要40万元的保额。

这笔赔付款，会根据比例分给不同的受益人。

（4）意外险

在为什么要买意外险里面，我们提到了，买意外险是为了保障意外伤残以后，我们的疗养和日常花销。

对这个收入段的家庭来说，支出在收入中的占比可能会比较高。

在这里，保额建议以"家庭支出缺口×20年"来考虑。如果一年支出缺口是14万元的话，就可以14×20，那就是280万元保额。这样，如果是1级伤残，就可以赔280万元，如果是5级伤残，那也可以赔168万元，可以在很大程度上保障我们未来的生活。

所以，意外险保额也不建议低于 100 万元。一方面一旦伤残，将会给家庭带来沉重的负担，另一方面 100 万元保额的意外险也不贵，一般就是三五百元，高的通常也在 1000 元左右。

在这样的家庭情况下，买保险的侧重点，如表 6.2 所示。

表 6.2 30 万元年收入的家庭买保险侧重说明

保险	侧重说明
整体方案	性价比高，保额足够
医疗险	侧重住院保障，根据健康状况选择百万医疗险或者中端医疗险
重疾险	保额足够的前提下，可以考虑带寿险的终身重疾险/纯重疾险
寿险	能保障自己对家人的经济责任，足额、足期
意外险	额度一定要足够，保证自己伤残后的后续经济状况

30 万元年收入的家庭进行整体规划时，在保障全、保额足的前提下，可以考虑保障更好的产品，年保费支出应该在 2 万～ 3 万元。

6.3　50万元年收入的家庭怎么买保险

50万元年收入的家庭，夫妻可能是互联网行业、金融行业的新人，也可能是传统行业的管理层；可能刚进入高薪行业不久，正处于事业的上升期，较高的收入伴随着更高的支出和房贷，也有可能在传统行业耕耘多年，经济状况已经比较稳定。

这类家庭虽然经济支出的形式可能略有不同，但是基础的日常生活水平一般不会太低。

在这种情况下，他们在买保险的时候，更看重保障的全面性，在选择保险的时候，可以适当地更具个性化，并追求更优越的医疗条件，让保障的范围更加宽广。

这里我们以30周岁男、30周岁女、2周岁女宝宝这样一个家庭结构来举例。这样的家庭有收入，有房贷，有工作上的压力，也有抚养孩子的需求，父母也渐渐年迈，对保障的需求会更高。

（1）医疗险

1）社保

对这个收入水平的家庭来说，社保基本都是标配，在我们生病的时候，社保也可以起到一个比较稳定的保障作用。同时需要注意，自己的孩子和自己的父母，是不是也参加了社保，如果没有，需要尽快补上。

2）中端医疗险/百万医疗险

在医疗产品的选择上，如果健康状况比较好的话，可以考虑扩展特需部的住院医疗，和没有免赔额的中端医疗险。

如果在普通部就医，这类保险可以作为社保的完美补充，如果经常去特需部就医，需要注意的是，医疗险通常分为有社保和无社保两个计划，如果是有社保计划就会比较便宜。但是特需部是不能用社保的，那么买的是有社保计划的医疗险的话，没有用社保先赔付，就只能报销60%。所以，如果经常去特需部就医的话，建议选择没有社保计划的医疗险，保费比有社保计划的高一点，但可以做到100%赔付。

如果健康状况相对来说没那么好的话，就需要优先考虑百万医疗险。

虽然百万医疗险和中端医疗险都在条款里写明：不承保既往症。也就是说，承保前存在的症状，在承保后导致的医疗，是不予赔付的。

但是中端医疗险需要进行健康告知，在核保时基本上会将告知的健康问题作为除外项目，不除外的项目则理赔没有影响，比如肺炎。

百万医疗险在健康告知上就比较宽松，很多问题不会问到，只是条款注明了不保既往症。

两种产品都不保既往症，区别在于，一个会给除外的核保函，另一个不会。

在很多线上产品的投保中，都会问到之前有没有被其他保险公司除外过，如果有的话就不能买了，因为线上产品大多不支持人工核保。

所以，有除外记录的话，会影响未来投保其他的线上高性价比产品。

3）海外医疗险

在基础的医疗保险之外，经济条件允许的话还可以选择海外医疗险。

当我们身患重疾以后，通常都会希望得到更好的医疗。在目前的医疗情况下，有一些疾病在国外某些医院，可以得到更高的5年生存率和更好的治疗环境，但是更好的治疗环境有的时候意味着更高的医疗费用，并且这种情况国内医保、大多数商保都不赔付。

这个收入水平的家庭勉强能够承担去海外就医的费用，但是海外就医的费用并不是一个小数字，家庭在现有的经济状况下仍然有极大的压力。

海外医疗险，就是一个面对这种情况的"神器"，一个人一两千元的保费，就可以得到600万元左右保额的海外医疗保额。但是有一个前提，就是要在国内确诊了保障范围内的重疾，并获取就医国家的合法签证之后，保险公司才会承担后期一系列的治疗费用、急救费用及归国费用。

这个是一个杠杆极高，并且可以帮我们追求更高医疗条件的产品。

（2）重疾险

1）选择什么样的重疾险

这个收入水平的家庭，在买重疾险的时候，可以不需要太去考虑极致的性价比，因为极致的性价比就意味着在保障上面有一定的割舍，如果出现了被割舍的那种情况，就得不到理赔了。

这时候我们可以更多地考虑这个产品保障得全面不全面，适不适合自己的家庭情况。

那么以这种情况来选重疾险的话，就要从性价比和保障全面两个方向来考虑。

重疾险市场上分为两类，带寿险责任的和不带寿险责任的，其中带寿险责任的又可以分两类，带重疾多次赔、癌症多次赔的和重疾单次赔的，如表 6.3 所示。

表 6.3　重疾险类型分类

重疾险类型	具体分类
带寿险责任的重疾险	带重疾多次赔、癌症多次赔
	重疾单次赔
不带寿险责任的重疾险	重疾多次赔、癌症多次赔
	重疾单次赔

从表6.3来看，带寿险责任且带重疾多次赔、癌症多次赔的产品，保障最为全面，那么在保障全面的前提下，我们可以选择里面重疾分组比较合理的、保费相对比较低、保险条款没有什么"瑕疵"的产品。

2）保额的确定

在保额的选择上，前面我们提到，需要重疾险转移的风险主要是重大疾病的治疗费用，以及重大疾病后期的疗养费用。

对于普通收入的家庭来说，用重疾险同时解决这两个问题，保费压力会比较大。

所以，在医疗险没停售的时候，可用医疗险覆盖治疗费用，用重疾险保障后期的疗养费用。

如果医疗险停售了，那么重疾险的赔付款优先考虑用于治疗，治好了再看能不能覆盖疗养费用。

在这个逻辑关系下，我们首先考虑的是得重大疾病以后3～5年的疗养费用，因为疗养院费用不能确定，有的人需要持续使用呼吸机，有的人只需要静心休养，无法提前预算具体的费用，所以我们一般用一年基础生活开支来算。这个生活开支包括了生活费用、在孩子教育上的支出等，按照个人的收入比例来分配支出比例。那么这个额度，可以暂定为一年15万元，5年则是75万元，这个可以根据家庭收入占比再进行调整，但是最低也不建议低于5年50万元，因为要保证在医疗险停售以后，至少还有一笔较大的保额来做治疗费用。

30周岁的夫妻，各75万元保额的重疾险，一年的保费可以控制在3万元以内。

孩子的重疾险，重疾部分不建议低于50万元保额，白血病部分不建议低于100万元保额。

这个收入段的家庭给孩子买保险，可以考虑50万元保额的终身重疾险搭配50万元保额的定期重疾险（建议保至30岁）。

终身重疾险能保证孩子从投保开始到出险，都有一份持续的保障；如果30年内出险了，因为产品是可以重疾多次赔的，在后面几十年的生活里，还能有多次赔付的保障。

但是终身重疾险买太高的保额，有两个问题，一个是保费支出太高，另一个是额度太高可能会影响孩子独立后自己加保。

定期的重疾险依然是保到孩子30周岁，这个时候孩子独立成家了，可以再自己规划新的保险计划了。

（3）定期寿险

这个收入段的家庭，在生活上的支出差异可以说是很大的。其中一部分人，可能还着高额房贷，给孩子上一年几万元的培训班，还要维持家庭生活的支出，可以说基本没什么结余。另一部分人则可能在生活上游刃有余，他们也许没有房贷或者房贷很少，为了给孩子减负并没有报培训班，家庭支出主要是基础的生活开支。那么这两种家庭，一种就非常需要高额定期寿险，另一种则是对定期寿险没有太大的需求。

定期寿险，其实就是保证我们身故以后，能给家人留下一笔钱。

那么，我们应主要考虑家属需要的经济支出，具体计算方式如下：

（一年的家庭支出缺口 + 家庭债务 + 孩子未来教育费用 + 父母养老金）× 希望保障的年限（比如5年、10年）- 手上富余的可出售资产。

比如，50万元的家庭年收入，丈夫一年收入30万元，妻子一年收入20万元，家庭一年日常支出15万元，房贷一年20万元，孩子一年的教育费用8万元，一年给父母一共4万元，手头另有一套小房子，租金每年5万元，以后留给孩子不考虑出售，希望保障家庭10年的正常支出不受影响。

如果是丈夫离去，那么家庭需要的额度是：

（15+20+8+4-5-20）×10=220（万元）

如果是妻子离去，那么家庭需要的额度是：

（15+20+8+4-5-30）×10=120（万元）

（4）意外险

对这个收入水平的家庭来说，意外险也是很有必要的，买意外险是为了保障意外伤残以后，我们的疗养和日常花销。

对这个收入段的家庭来说，支出在收入中的占比不会太低。

一旦遇到伤残的情况，那么我们需要足够的赔付款来保证未来几十年的支出。

在这里，保额建议以"家庭支出缺口×20年"来考虑。延续上面的例子，以丈夫的状况来算，如果说丈夫不幸伤残，那么一年支出缺口是22万元，22×20，那就是440万元。这样，如果是1级伤残，就可以赔付440万元，如果是5级伤残，那也可以赔付264万元，可以在很大程度上保障他们未来的生活。

意外险保额不建议低于100万元，因为一旦伤残，都将给家庭带来沉重负担，不论这个人是谁。其次就是100万元保额的意外险，也不贵，一般就是三五百元，高的通常也就在1000元左右。

在这样的家庭情况下，买保险的侧重点，如表6.4所示。

表6.4　50万元年收入的家庭买保险侧重说明

保险	侧重说明
整体方案	保额足够，追求保障全面，性价比偏高
医疗险	侧重住院保障，根据健康状况选择百万医疗险或者中端医疗险，可附加海外医疗险
重疾险	可以考虑保障更全面的产品
寿险	能保障自己对家人的经济责任，足额，足期
意外险	额度一定要足够，保证自己伤残后的经济状况

50万元年收入的家庭进行整体规划时，在保障全、保额足的前提下，可以追求保障的多样化和个性化需求，年保费支出应该在5万元左右。

6.4　100万元年收入的家庭怎么买保险

100万元年收入的家庭，家中可能有人是互联网行业高级程序员或者高管，可能有人是律师，也可能有人是传统行业高管。

这个收入水平的家庭，他们基本生活的压力不会太大，不过在房、车、教育上可能有着更高的追求。但是在通常情况下，这种家庭为单经济支柱的情况也更多，一旦家庭经济支柱出了事情，那么整个家庭可能都会受到影响。

在保险方面，基本的医疗费用保障并不是其最主要的目的，更重要的是寻求一种医疗方案的解决、医疗服务的支持，以及极端情况下家人生活的保障。

这里我们以30周岁男、30周岁女、3周岁女宝宝这样一个家庭结构来举例。这样的家庭一般有收入，有房贷，有工作上的压力，也有抚养孩子的需求，父母也渐渐年迈，对保障的需求会更高。

（1）医疗险

1）社保

对这个收入段的家庭来说，社保基本都是标配，在我们生病的时候，社保也可以起到一个比较稳定的保障作用。同时需要注意，自己的孩子和自己的父母是不是也参加了社保，如果没有，需要尽快补上。

2）高端医疗险

在这个收入水平的家庭，大部分重疾的治疗费用其实都是承担得起的，并不会有太大的经济压力，所以在这一方面，主要考虑的是医疗服务解决方案。

公立医院的医术认可度很高，但是公立医院就医、挂号往往需要排队，而公立医院的特需部提高了一部分费用，在排队上就可以省下很多时间。

还有一部分的私立医院，比如北京新世纪妇儿医院、和睦家等，也有着较高的医疗技术，但这些医疗机构的收费不菲。

那么，高端医疗险就是针对这种医疗情况提供的一种医疗服务，其服务流程一般如下。

收取一定的保费，客户可以得到一张保险公司的直付卡，也可以理解为垫付卡。

在需要就医的时候，拨打保险公司的客服，告知客服自己想去哪家医院就医，还可以指定医生。

保险公司会进行预约，然后告知客户预约的情况和预约的结果。

就诊人可以在约定的时间持卡前往医院就医，就医结束后签字即可离开。保险公司会在事后，定期和医院结算。

这样的医疗服务是很省心的，也是很昂贵的，如例子里的一家三口，带门诊的话，保费最少也得三四万元。

但是这个几乎能涵盖所有的治疗，还能通过增加保费的方式扩大保障范围，把保障方案拓展成全球看病都可以报销。

并且推出这类健康险的公司，通常主打产品就是高端医疗险，这类保险公司基本都只拥有一个高端医疗保险产品，在高额的保费、单一产品支柱的情况下，这类产品的稳定性更高。

如果只考虑去特需部治疗，没有私立医院就诊的需求，也没有保险直付的需求，就可以考虑涵盖特需部的中端医疗险，这样也能起到同样的保障，只是需要自己垫付再去找保险公司办理理赔。

(2) 重疾险

1) 选择什么样的重疾险

这个收入水平的家庭,在买重疾险的时候,可以不需要太去考虑最高性价比,因为最高的性价比就意味着在保障上面有一定的割舍,如果出现了被割舍的那种情况,就得不到理赔了。

这时候我们可以更多地考虑这个产品保障得全面不全面,适不适合自己的家庭情况。

那么以这种情况来选重疾险的话,就要从性价比和保障全面两个方向来考虑。

重疾险市场上分为两类,带寿险责任的和不带寿险责任的,其中带寿险责任的又可以分两类,带重疾多次赔、癌症多次赔的和重疾单次赔的,如表 6.5 所示。

表 6.5 重疾险类型分类

重疾险类型	具体分类
带寿险责任的重疾	带重疾多次赔、癌症多次赔
	重疾单次赔
不带寿险责任的重疾	重疾多次赔、癌症多次赔
	重疾单次赔

从表 6.5 来看,带寿险责任且带重疾多次赔、癌症多次赔的产品,保障最为全面,那么在保障全面的前提下,我们可以选择里面重疾分组比较合理的、保费相对比较低、保险条款没有什么"瑕疵"的产品。

2) 保额的确定

对于这个收入水平的家庭来说,一般的重疾治疗费用,都能负担得了。

但是对于大额的治疗费用、长期的疗养、康复费用,对他们来说也是相对比较沉重的负担。

在极端情况下，一年治疗费用甚至可能花掉几百万元，这部分可以依靠稳定度很高的高端医疗险来覆盖。

但是在后期的康复中，家庭仍然需要持续支出，并且被保险人也需要一个更加安逸的康复环境。在这个情况下，用重疾险覆盖疾病后期 3～5 年的家庭支出，是有必要的。

这个额度就需要根据在家庭的日常生活中，一年的家庭日常支出缺口、每年要还的房贷总额、孩子的教育费用等家庭的实际情况来计算了。

举个例子：

家庭一年收入 100 万元，丈夫 80 万元，妻子 20 万元，家庭日常支出一年 30 万元，房贷一年 30 万元，孩子教育费用一年 5 万元，没有可以出售的固定资产，父母自己养老金充足。

在这种情况下，丈夫一旦患上重疾，那么家庭整体的支出缺口是一年 45 万元，5 年就是 225 万元，即丈夫需要 225 万元保额的重疾险，预计保费不超过 5 万元。

妻子这边，因为丈夫的收入完全可以覆盖支出，可以考虑买一个 50 万元基础保额的重疾险，作为基本的保障。

孩子的重疾险保额，重疾部分不建议低于 50 万元，白血病部分不建议低于 100 万元。

这个收入段的家庭给孩子买保险，可以考虑 50 万元保额的终身重疾险搭配 50 万元保额的定期重疾险（建议保至 30 岁）。

终身重疾险能保证孩子从投保开始到出险，都有一份持续的保障，如果 30 年内出险了，因为产品是可以重疾多次赔的，在后面几十年的生活里，还能有多次赔付的保障。

但是终身重疾险买太高的保额，可能会影响孩子独立后自己加保。毕竟保险产品更新比较快，以后的新型保险的保障可能会更全面。

定期的重疾险依然是保到孩子 30 周岁，这个时候孩子通常独立成家了，可以再自己规划新的保险计划了。

（3）定期寿险

这个收入段的家庭，在生活上的支出差异可以说是很大的，有很多人，还着高额房贷，给孩子上一年几万元甚至十几万元的培训班，还要维持家庭基本的支出，可以说基本没什么结余；另一部分人则是已经在生活上游刃有余，他们可能没有房贷或者房贷很少，给孩子减负没有报培训班，只有家庭的基础开支这些，那么这两种家庭，一种需要高额定期寿险，另一种则是对定期寿险没有太大的需求。

定期寿险，其实就是保证我们身故以后，能给家人留下一笔钱。

那么，我们应主要考虑家属需要的经济支出，具体计算方式如下：

（一年的家庭支出缺口+家庭债务+孩子未来教育费用+父母养老金）×希望保障的年限（比如5年或10年）-手上富余的可出售资产。

比如，100万元的家庭年收入，丈夫一年收入80万元，妻子一年收入20万元，家庭一年日常支出30万元，房贷一年35万元，孩子一年的教育费用15万元，一年给父母一共6万元，手头另有一套小房子，租金每年10万元，以后留给孩子不考虑出售，希望保障家庭10年的正常支出不受影响。

如果是丈夫离去，那么家庭需要的额度是：

（30+35+15+6-10-20）×10=560（万元）

如果是妻子离去，那么家庭需要的额度是：

（30+35+15+6-10-80）×10=0（万元）

这种情况下，妻子要买的话，可以看自己希望给孩子、给家人留多少钱，以此来选择定期寿险的保额。

（4）意外险

对这个收入阶段的家庭来说，因为收入较高，可以购买的意外险的保额往往也是很高的。因为意外伤残影响实在是太大了，所以意外险仍然是有必要的，可以根据自身的资产情况进行相应的删减。

一旦遇到伤残的情况，那么我们需要足够的赔付款来保证未来几十年的支出。

在这里，保额建议以"家庭支出缺口×20年"来考虑。延续上面的例子，以丈夫的状况来算，如果说丈夫不幸伤残，那么一年支出缺口是56万元，56×20，那就是1120万元。这样，如果是1级伤残，就可以赔付1120万元，如果是5级伤残，那也可以赔付672万元，可以在很大程度上保障他们未来的生活。

意外险保额不建议低于100万元，因为一旦伤残，都将给家庭带来沉重负担，不论这个人是谁。其次就是100万元保额的意外险，也不贵，一般就是三五百元，高的通常也就在1000元左右。

在这样的家庭情况下，买保险的侧重点，如表6.6所示。

表6.6　100万元年收入的家庭买保险侧重说明

保险	侧重说明
整体方案	保额足够，追求保障全面，以及服务方面的需求
医疗险	可以考虑医疗服务上的需求，选择高端医疗险
重疾险	可以考虑保障更全面的产品
寿险	能保障自己对家人的经济责任，足额，足期
意外险	额度一定要足够，保证自己伤残后的经济状况

100万元年收入的家庭进行整体规划时，在保障全、保额足的前提下，可以追求保障的多样化和个性化需求，年保费支出应该在10万元左右。

第7章

这样买保险，理赔不吃亏

> 买保险，是为了保障我们的家庭生活，让家庭在遇到高额医疗的情况时，可以得到一定的经济补偿。
>
> 所以保险很重要的一点，就是在确定的情况下，能得到一笔确定的钱。
>
> 买保险就是为了发生意外以后，能得到相应的理赔。
>
> 但是在投保的过程中，却有很多情况是非业内人士不清楚的。
>
> 那么什么情况是我们需要注意，又需要怎样去应对呢？
>
> 这，就是本章的主题。

7.1 保险公司拒赔的"罪魁祸首"：未如实告知

我们来举个例子。

2012 年之前，一直在谣传世界末日将要到来，虽然说是噱头，但是张三心里还是有点不安，正好邻居给推荐了一个重疾险，张三就说行，那买一个吧。

买的时候邻居问张三，你健康吗？张三说，我可健康了，身体倍棒，吃嘛嘛香。

邻居不疑有他，给张三在投保单的健康问卷上面，全部勾了否，然后就很顺利地投保了。

时间倏忽而逝，一下子到了 2018 年，张三查出甲状腺癌，心情十分悲痛，想起来自己还有一份重疾险，能赔个几十万元，内心稍微宽慰一些。

于是，张三就去找保险公司申请理赔，结果却被拒赔了。

张三问保险公司为什么拒赔。

保险公司说，根据我们的调查，你在 2011 年的时候就查出了甲状腺结节，足以影响我们的核保决定，并且在投保的时候，并没有告诉我们你有甲状腺结节的事实，所以我们拒赔。

张三想起自己当初投保的时候，邻居问自己是否健康，可是当时自己确实挺健康的，医生那时也说这个甲状腺结节对健康没有大的影响。

可是为什么就这样了呢？张三的心里冷得就像东北深夜的大铁门一样。

其实随着现代自然环境变差，生活压力增加，大部分成年人的身上，都或多或少有着一些健康问题。

比如乳腺结节、甲状腺结节、前列腺增生等，在查出来的时候，医生一般会说，没什么事，后面定期复查就行了。

我们听了以后，也就宽了心，就把这个事情置之脑后了。

到了要买保险的时候，我们需要填写保险公司的投保单，在投保单上，会有一个健康问询。在健康问询表里，通常会问到很多的健康状况，比如说，有没有患过糖尿病、高血压、恶性肿瘤等，以及 2 年/5 年内有没有手术/住院史。这种很明确的说明，很好理解。

但是在投保单上，还有一条却是很多人都疏忽了的，那就是：

在××年内，有没有过体检异常。

在体检的时候，医生说没什么事情，是因为从临床医学的角度来看，这个人在当下是没有什么事的，没有治疗的必要，只需要定期观察就可以了。

所以在投保被问到的时候，很多人会说，我没有什么体检异常。

但是如果看体检报告，会发现大部分人都会有些小问题，这些小问题都会严重影响到核保。

因为在核保人员的眼里，看的不只是当下，更是未来几十年内，这个人生某种病的概率是不是更高。

如果说业务员没有主动索要体检报告，而是听客户说很健康就按照健康体来填写的话，就会有两个问题，一个是信息的不对等，客户通常对健康体的理解与保险公司的理解有差异，另一个是业务员的不够专业会导致投保人对保单保障责任了解不清晰。

如果说医生认为没事，但是核保人员很重视的体检异常，我们没有告知保险公司的话，那么这个保单轻则拒赔，重则取消合同。

在《中华人民共和国保险法》里，对于这些内容都有相应的解释。

首先，投保人有如实告知的义务。

第十六条　订立保险合同，保险人就保险标的或者被保险人的有关情况提出询问的，投保人应当如实告知。

如果投保人没有如实告知的话：

"投保人故意或者因重大过失未履行前款规定的如实告知义务，足以影响保险人决定是否同意承保或者提高保险费率的，保险人有权解除合同。（《中华人民共和国保险法》第十六条）"

也就是说，如果投保人没有告知的话，并且没有告知的这个事情足以影响到保险公司的核保，那么保险公司可以解除合同。

如果说是投保人故意不如实告知，那么保险公司还可以在解除合同的前提下，不退还保险费。

但是还有很多人，看到了以下这一条，就觉得不告知也是没有问题的。

"前款规定的合同解除权，自保险人知道有解除事由之日起，超过三十日不行使而消灭。自合同成立之日起超过二年的，保险人不得解除合同；发生保险事故的，保险人应当承担赔偿或者给付保险金的责任。（《中华人民共和国保险法》第十六条）"

首先，现在已经有保险公司在即将年满二年的时候，开始对客户进行健康状况调查。

其次，如果被保险人不如实告知，后面出险了，保险公司肯定是会拒赔的。后面即使打官司，也很有可能得不到理赔。

最后，对于很多健康告知项目，在某个保险公司可能会条件承保，但是换一家保险公司可能就正常承保了，没有必要隐瞒。

所以在投保的时候，一定要擦亮眼睛，仔细看投保单，不能一扫而过，对于健康问询等要如实告知。

7.2 有技巧地告知

前面一节已经提到了，在投保的时候，如实告知是一个很重要的事情。但是，不同的时候、不同保险公司之间，同样的告知会有着不同的结果，在这里，我们就讲一讲，怎样告知对于我们投保人来说是更有利的。

（1）时间点差异

以甲状腺结节为例，在早几年前，患甲状腺癌的人并没有那么多，所以在那个时候，甲状腺结节的核保其实是比较宽松的。

但是这几年以来，甲状腺癌的理赔率越来越高，已经快要占据保险公司重疾险理赔的"半壁江山"了，保险公司对甲状腺相关的症状核保都变得非常严格。

所以以上一节的假设情况来说的话，张三在早期的时候没告知，保险公司不知道就正常承保了，后面理赔的时候又被保险公司查出来，这个时候核保政策已经变了，保险公司基本都会拒赔。

还有一个时间点的差异，即"开门红"的核保差异。

众所周知，公司是有KPI（关键绩效指标）的，保险公司也一样，和其他公司不一样的是，保险公司冲KPI的时间一般是年初的时候。

每年的 1～3 月，这个时间被保险公司称为"开门红"。

以前的"开门红"，都是以卖年金险为主，随着"保险姓保"概念的崛起，保险公司对健康险的重视程度也越来越高，在"开门红"的时候，针对重疾险的健康告知，会放宽核保要求。比如：

小三阳且肝功能正常，正常承保。

BMI 指数为 30 且健康告知没有其他问题，正常承保。

2 级甲状腺结节，正常承保。

诸如此类的情况还有很多。所以健康上有小问题的人，可以根据情况，等到"开门红"期间再投保健康险，可能会正常承保。

（2）状态之间的差异

在保险公司核保的时候，很有意思的一点是，症状更严重的，反而可能正常承保。

众所周知，结节是有分级的。

我们以乳腺结节为例，看看 BI-RADS 分级是什么样的，如表 7.1 所示。

表 7.1　BI-RADS 分级

BI-RADS 分级	分级标准	分级结果
1 级	阴性结果，未发现异常病变	正常
2 级	良性病变，可基本排除恶性	正常
3 级	大概率为良性病变，建议 3～6 个月随访	恶性可能小于 2%
4 级	可疑恶性，需病理学检查	恶性可能 3%～94%
5 级	高度可能恶性，应考虑治疗措施	恶性可能性大于 95%

核保比较宽松的保险公司，他们通常的核保结果是这样：1～2 级正常承保，3 级及以上除外。

其中，查出来是 3 级的，恶性可能性比较低，一般只需要定期复查，但是又因为有恶性的可能，保险公司不能确定是不是恶性，就会除外。

4 级和 5 级，因为恶性可能性较高，所以通常医生都会建议进一步检查或治疗，这个时候如果通过穿刺，病理报告单显示是良性，那么投保的时候，反而有可能会正常承保，而不会除外。

其实这就体现出核保医学的一个特点：确定的，哪怕再严重也有可能正常承保；不确定的，哪怕再轻微也有可能会拒保/延期。

再比如，某人尿液里有白细胞。这个情况其实比较常见，但是从保险公司的角度考虑，尿蛋白有可能是尿路感染、肾小球肾炎等的症状。如果是肾小球肾炎，可能会发展成尿毒症，算是比较严重了。

这个时候，保险公司不知道这个人到底属于哪一种情况，没有办法根据手头的资料去代替临床医生作出诊断，就会出现不敢正常承保的情况。

表现形式就是要求这个人，必须明确尿蛋白的原因，如果是尿路感染，那核保就没什么问题，如果不明确病因，那么核保可能无法继续进行。

（3）不同公司之间的差异

不同的保险公司，自身的核保政策不同，加上合作的再保险公司也有不同的核保政策，在同样的状况下，核保结果可能会有很大的差异。

举几个例子：

小三阳且肝功能正常，有的保险公司会加费，通常加费比例在 10%～20% 之间，有的保险公司会正常承保。

甲状腺结节 1～2 级，乳腺结节 1～2 级，很多保险公司会正常承保，少数保险公司会除外。

甲状腺乳头状癌手术 1 年后，部分保险公司可能除外甲状腺癌承保，很多保险公司不承保。

胆囊息肉，有的保险公司规定胆囊息肉在 4.5 厘米以下可以正常承保，但是有的保险公司大小超过 1 厘米就除外了。

诸如此类，不一而足。

这些症状在不同的保险公司里，核保存在显著的差异，如果有这类症状，在投保中应当注意。

还有一点需要注意的是，保险公司和保险公司的保险公司之间的关系。

保险公司收到一张投保单后，会有一部分的额度自留，超出自留额度的部分会分出去，让再保险公司和保险公司一起承担。

比如，你选择 100 万元的保额，其实保险公司只承保了你的 40 万元额度，剩下的 60 万元额度是再保险公司在承担你的保险责任。

所以说，你的核保其实要过两次审核。

对于一些人来说，可能他的健康状况没有那么好，保险公司核保结果不太好。

这个时候，要分清一点，是保险公司的核保过不了，还是再保险公司那边的核保过不了。

如果是再保险公司过不了，那么你去选择一个保险公司自留额度以内的保额，比如说 30 万元、20 万元，可能核保就顺利通过了。

（4）注意健康问卷

其实第四点，是第三点的延伸，仍然是不同保险公司之间的核保差异。

在找保险公司投保的时候，我们都知道一点，那就是保险公司要我们填一个投保单。

但是不同保险公司的投保单是不一样的！

这里面，就存在可操作的空间。

比如说，有的保险公司会问：

家庭成员（外祖母、母亲、姐妹、姨妈）中是否有人患过乳腺癌？如是，请详述患病家族成员人数、关系及其被诊断的年龄。

从这一条里面可以看出来，这个保险公司对于乳腺癌是非常在意的。并且在实际情况中，乳腺癌呈现高度的家族遗传倾向，一个家庭里面，如果有女性得了乳腺癌，那么这个家族其他的女性得乳腺癌的概率也相对较高。

在这种问卷下，如果家族有人得过乳腺癌，告知以后往往就会被除外乳腺癌相关责任。

但是，有的公司根本不问亲属有没有得过癌症，这样就可以正常承保。

一个除外，一个正常承保，那当然是选择正常承保的保险公司了。

（5）一问一答，不问不答

我们已经知道了，在投保的时候，是需要填写一个投保单的。

但是保险条款其实和法律条款一样，每一个字都需要斟酌。所以，在看投保单的时候，一定要注意细节。

在投保的时候还需要注意的是：一问一答，不问不答。

最明显的例子就是以下这条保险单中常见的健康问询。

您在过去五年内：

a.是否接受过血液、X光、CT、MRI、心电图、脑电图、肌电图、血液检查、超声波、内窥镜检查、乳腺照相、子宫颈涂片检查、活体组织病理学检查等或其他特殊检查？结果是否异常？

b.是否住院或接受过手术治疗、住院治疗或因任何病症而长期门诊随访并接受诊疗？

现在我们可以看到，这两条有一个前置条件：过去五年内。

也就是说，五年前查出来的异常项目，如果在其他的问卷条目里没有问到，那就不用告知。

比如，五年前查出来有乳腺结节，但是五年内的检查并没有查到乳腺结节，其他的地方又没有问到，那么就不需要告知乳腺结节这一条。

或者说，五年前做过某一个手术，比如说近视眼矫正手术，有的保险公司得知这一项，就有可能会对双目失明/单目失明责任除外。

在这种情况下，如果这个手术是五年前做的，而其他的条目也没有问到近视眼矫正手术，那么就可以不用告知这一条。

这就是投保问询的特点，有问必答，一问一答，不问不答。

【小结】

通过这一节的内容，我们会发现，在向保险公司进行告知时，其实也是有一定的技巧的，并且什么时候投保、怎么选保险公司，都有一定的差异。

如果你是标准体，那么你可以选你最想要的保险产品。

如果你是非标准体，那么一定要根据你非标准部分的情况，来选择对应的产品，以获得更好的核保结果。

7.3 告知不等于拒保,实际案例打消你的担心

说了这么多投保时告知身体异常状况后就被保险公司除外甚至拒保的情况,有些人可能对买保险有一点担心。

难道我有了一点点很多人都有的症状,就不能买保险了吗?

其实也不尽然,买保险的时候,核保对于健康告知,也是有一个评点制度的,越轻的症状对核保的影响越小,明确的症状比不明确的更好理赔。

并且随着保险公司的进步,在核保方面越来越细分,以前可能只要是结节就不承保,后面发展为结节3级及以上除外,现在有的保险公司针对小于2厘米的囊性结节都可以正常承保了。

所以核保在进步,承保的范围也划分得越来越细。

这里需要注明的一点是,一个保险公司的核保政策是会变的,不同时期会有不同的政策,且有可能同样的症状,这个月A公司可以承保,下个月B公司可以承保,无法精准地明确,也做不到对所有保险公司核保情况进行统计。那么在这里,就不列具体的公司了。

我只能告诉你核保的现状。

这一节,我们就来讲一些核保的实际情况,来打消你对核保的担忧。

7.3.1 甲状腺癌术后居然可以投保重疾险

在很多人看来，得了癌症，应该就不能再买保险了吧？

过去的保险市场确实是这样的，但是随着甲状腺癌的发病率越来越高，也因为这个癌症的特殊性（治疗费用低、对人健康的影响小），所以在保险公司的核保中已经逐渐有了不一样的地位。

对甲状腺癌核保，一般根据 $T_1N_0M_0$ 分期。通常甲状腺乳头状癌，这种甲状腺癌，如果在术后 1 年无转移，有一些保险公司是接受投保的，有的公司要求是 3 年/5 年内无转移才接受，不同的公司有不同的政策。

在投保的时候，需要提交甲状腺癌相关确诊资料、手术病历、出院小结以及术后复查资料等。

给出的核保结果有可能是除外甲状腺恶性肿瘤承保，也有可能是除外恶性肿瘤承保，一定要选择前者这种承保条件的，这样得了其他的癌症还能再理赔。如果复查情况不太好的话，不排除延期的可能。

7.3.2 一页 A4 纸那么多的健康告知，居然能正常承保

在投保的时候，有的人健康告知内容特别多，这个时候可能会心里有点慌，告知项目这么多，是不是核保就过不了了？

比如，我碰到过一些客户，在告知的时候项目特别多，因为涉及 5 年内的体检异常，以及既往的住院/手术等情况。

但是对于他们告知的情况，比如说妊娠糖尿病、3.8 厘米的子宫肌瘤、乳腺增生、骨折手术等，虽然项目很多写起来很复杂，但是基本都对健康没有太大影响，未来恶化的概率也几乎为 0，所以保险公司都会给一个还不错的核保结果：正常承保。

这就是保险公司的评点制度，假设评点要求是评点为 10 就加费的话，那么这些不太严重的情况，评点可能是 1 或者是 0，因此这些情况就不会对核保产生太大的影响。

7.3.3 大三阳可以加费承保

在保险公司过去的核保中,大三阳一向是核保很严格的,很多保险公司都拒保。小三阳的正常承保,在一些公司是常态化的,但是大三阳的核保结果,通常都是加费/拒保,极少数可能会正常承保。

一般加费比例不会太低,甚至有的加了一半。

如果有大三阳的话,那么可以考虑多个保险公司投保。虽然大三阳常见的核保结果是拒保,但也有少部分保险公司以加费的形式承保,加费比例可能在 18%～50% 之间,并且同一个保险公司,根据被保险人的性别、年龄、病毒 DNA 复制量以及腹部超声的结果,也会有不同的加费比例。

所以说,不要以为大三阳就一定和保险无缘了,而是要根据自己的情况来分析,在不同的保险公司之间进行比较,寻找一个最好的核保结果。能标准体承保最好,如果全都要加费,那也要找一个加费少的。

7.3.4 肝功能不正常也可以标准体承保

在核保时,小三阳通常是比较好承保的,只要肝功能正常,那么最常见的核保结果就是加费或正常承保,很少会看到其他的结果。

如果肝功能不正常,那么可能就很难承保。

但是在某些公司的"开门红"核保中,已经放松了对肝功能的要求,只要这个肝功能异常的指标在一定数值里面,就还可以承保。

很多保险公司都是要求 AST 或 ALT 的数值不能超过正常的 1.3 倍,HBV-DNA ＜ 2000IU/ml,肝脏超声无异常者。

也就是说,如果你有小三阳且肝功能异常,那么也不要灰心,如果你的肝功能异常数值在这个指标之内,那么你还是有可能正常承保的。

在可以承保的情况下,不同保险公司的核保也不一样,有的保险公司需要加费,有的保险公司不需要。那么,在保障差不多、保费也差不多的情况下,可以优先考虑不需要加费承保的公司。

7.3.5 甲状腺结节、乳腺结节的正常投保方式

在实际的投保中,如果告知保险公司有结节的话,那么基本就是除外/延期了,因为保险公司并不能确定这个结节的性质。但是如果有一个明确的结节分级,那么保险公司的核保就会更明确一些。

在投保之前,有结节的都建议去做一个分级。这里小小地提醒一下,不是每一个医院都可以做结节分级,所以在开B超单之前要说清楚需要有出示分级的报告单,确认医院能做分级再做。

如果是结节1～2级的话,部分保险公司可以正常承保,3级及以上一般会被除外,如果说4级结节,经过穿刺得出的病理报告显示是良性,那么还有机会可以承保。

所以说,有结节的话一定不要盲目投保,先做一个分级。

7.4 投保单暗藏的玄机,你都清楚吗

经过前两节的说明,我们已经知道了,在投保的时候,是需要填写一个投保单的。

保险条款其实和法律条款一样,里面每一个字都要仔细斟酌。保单如何填写,有没有什么窍门,容易被忽略却很重要的地方是哪里,关于这些方面的内容在我们日常的阅读环境中很少见到,所以在这里我们以一些投保单常见的情况来做一个讲解,当然每个保险公司可能会有细微的区别,具体情况需要仔细去分辨。

投保单需要注意的地方如下。

(1) 身故受益人

第一点一般是填写身故受益人,很多人并不是很清楚填写身故受益人的意义。

根据《中华人民共和国保险法》规定:

第四十二条 被保险人死亡后,有下列情形之一的,保险金作为被保险人的遗产,由保险人依照《中华人民共和国继承法》的规定履行给付保险金的义务:

（一）没有指定受益人，或者受益人指定不明无法确定的；

（二）受益人先于被保险人死亡，没有其他受益人的；

（三）受益人依法丧失受益权或者放弃受益权，没有其他受益人的。

受益人与被保险人在同一事件中死亡，且不能确定死亡先后顺序的，推定受益人死亡在先。

在《最高人民法院关于适用〈中华人民共和国保险法〉若干问题的解释（三）》中，明确了对这一条的定义。

第九条　投保人指定受益人未经被保险人同意的，人民法院应认定指定行为无效。

当事人对保险合同约定的受益人存在争议，除投保人、被保险人在保险合同之外另有约定外，按照以下情形分别处理：

（一）受益人约定为"法定"或者"法定继承人"的，以继承法规定的法定继承人为受益人；

（二）受益人仅约定为身份关系，投保人与被保险人为同一主体的，根据保险事故发生时与被保险人的身份关系确定受益人；投保人与被保险人为不同主体的，根据保险合同成立时与被保险人的身份关系确定受益人；

（三）受益人的约定包括姓名和身份关系，保险事故发生时身份关系发生变化的，认定为未指定受益人。

在2020年5月28日第十三届全国人民代表大会第三次会议通过的《中华人民共和国民法典》第六编继承第二章法定继承中，对于法定受益人的定义如下。

第一千一百二十六条　继承权男女平等。

第一千一百二十七条　遗产按照下列顺序继承：

（一）第一顺序：配偶、子女、父母；

（二）第二顺序：兄弟姐妹、祖父母、外祖父母；

继承开始后，由第一顺序继承人继承，第二顺序继承人不继承；没有第一顺序继承人继承的，由第二顺序继承人继承。

本编所称子女，包括婚生子女、非婚生子女、养子女和有扶养关系的继子女。

本编所称父母，包括生父母、养父母和有扶养关系的继父母。

本编所称兄弟姐妹，包括同父母的兄弟姐妹、同父异母或者同母异父的兄弟姐妹、养兄弟姐妹、有扶养关系的继兄弟姐妹。

也就是说，如果指定了受益人，那么理赔金的去向就会比较确定，只需要受益人本人来办理手续即可。如果没有填写受益人，那么出险后，保额会以遗产的继承顺序来分配，需要第一顺位继承人全部到场，包括父母、配偶、子女，如果其中有成员缺失，这就需要开具相应的证明，会比较麻烦。

如果指定了第一顺位的受益人，若受益人和被保险人同时身故，法律推定受益人先于被保险人身故，这样保额还是会成为遗产。所以一般建议设置两个顺位的受益人，比如：配偶第一顺位受益，受益比例100%，父母、子女第二顺位受益，受益比例均分等。

（2）产品相关信息

第二点是填写产品相关信息，基本的产品信息很好填写，需要注意的地方在现金价值自动垫交保险费这一点上。

这在投保单上非常不起眼，很容易被忽略，但是在关键的时候，也许能成为能否赔付的关键点。

下面讲一个案例。

被保险人董先生，为自己购买了重疾保险，保单生效第8年时，因60天宽限期内划账未成功，导致保单效力中止。董先生提出复效，保险公司同意复效，但重疾需重新计算180天观察期。不幸的是，董先生在180天内出险，保险公司以180天内出险为由拒绝支付重疾保险金，退还全部已交保费。

案件尘封两年后，保险经纪人代客户找到理赔依据。根据该公司保险条款约定："除投保人事前另有书面的反对声明外，本公司将自动垫缴其欠缴的保险费及利息，本合同继续有效。"被保险人投保时勾选了现金价值抵缴保费一项，第8个保单年度的现价为1000多元，足以支付当年保费，最终客户获得了 10 万元的重疾理赔款。

所以这一点非常重要，如果未来因为某些原因，我们暂时拿不出钱来进行缴费时，现金价值代缴可以帮我们渡过难关。

（3）健康问询栏

第三点是健康问询栏，在这一部分一定要谨慎，认真阅读每一条健康问询项目。比如，有的保险公司问的是 5 年内有没有住过院，如果 5 年内没有住过院，那这一条就不需要告知。

在这里，一定要注意的是，你的告知内容要按照以下格式来写：被保险人在××时候因为××原因去××医院做了××检查/就诊，医生诊断为××，给予了××治疗，××时候出院，出院情况××，详情见住院小结/门诊病历。

只有这样描述，才算是讲清楚、讲明白了你的就医经历，保险公司也更容易采信。不然的话，你只写××症状，或者××病，保险公司的核保人员就可能会怀疑。

（4）财务告知栏

第四点是财务告知栏，在这里需要注意的是，虽然买保险是个人的事，但是也不能随意买。对于保费和个人收入的比例，保险公司会有一个限制，一般年缴保费不能超过个人收入的20%。我们在给客户做计划的时候，一般也是将年缴保费控制在年收入的10%左右，这样既可以做到相对足够的保障，又不会对经济造成太大影响。

投保单下面的备注及特别约定栏，用于填写前面健康告知处的详细情况。在所有公司的投保单中都会有这样一块留白的地方。

（5）临时保障声明

第五点是临时保障声明，这是因为从递交投保单到保单生效还会有一段时间，在这段时间内，被保险人同样有出险的可能（确实有当天买了意外险，晚上就出险的例子，不过风险在客观上是一直存在的，和什么时候买了保险无关），因此设计了这种临时保障。它主要为被保险人从递交投保单到保单承保之间提供保障，仅限因外来的、突发的、非本意的、非疾病的并使被保险人身体受到伤害的客观事件，并以此客观事件为直接单独原因导致被保险人身故，保额一般为20万元，并无息返还已交暂收保费。

这一点并不是所有的投保单都会有，在投保时可以注意一下。

（6）声明书及授权书

第六点是要注意看声明书及授权书，这是对保单责任作出的一个声明及授权，签字后视为投保人已阅读并了解险种条款，并且投保单中各项内容均属实。

买保险，是自己的事，是对自己的保障，所以投、被保险人有义务也有责任仔细阅读条款，对自己的保障有一个清楚的认知。如果只是听从他人的说法，而不自行查阅条款，是对自己非常不负责任的行为。

（7）投保人、被保险人签字

第七点就是最后的投保人、被保险人签字了。在一般情况下，投保人、被保险人处，不管是不是同一人，都需要签字，如果被保险人是未成年人，可以由监护人在被保险人处签字。

而在签字中，经常出现的情况就是代签字，代签字的保单是有可能被判定无效的。如果因不得已的情形做出这样的举措，承保后请尽快办理变更签字的手续，以免保单无效。

投保单的主要内容就是以上这些。

在投保时，除了填写投保单外，还需要同时提交投、被保险人的身份证正反面复印件，部分保险公司还会要求提供受益人的身份证正反面复印件。如果被保险人是未成年人，可以用户口本代替，两周岁以下的宝宝一般可以用出生证明代替。不过每家公司的规定不同，这需根据具体投保的险种来确定。

第 8 章

市场上实际的产品是什么样的

在平时，我们有时会接触到一些保险代理人/经纪人，这些保险代理人/经纪人可能会给我们推荐一些产品。但是每个人推荐的产品，可能都不太一样。

从单一的产品角度来看，每个产品都有很多的保障内容，但是很多朋友并不清楚，这个产品和市场上其他的产品有什么区别，它真的像别人给我们介绍的一样好吗？

那么在这里，我将从每种产品中抽出一款相对比较有优势的产品来进行讲解，这个产品不一定是最好的，但是一定是还不错的。我将这些产品的信息做成了表格，你可以与别人推荐给你的产品进行对比，看看基础信息有哪些不一样的地方，在保障责任和年缴保费上有哪些不同。

8.1 寿 险

寿险这里，我们一般分为定期寿险、减额寿险、终身寿险、增额寿险四类，这四类分别可以用于不同的场景，这里我们分别拿一个产品来进行说明。

8.1.1 定期寿险

定期寿险主要对应的是我们的家庭责任，也就是在家庭责任高峰期，我们对家人承担着比较大的经济责任，定期寿险可以为我们提供相应的保障。

在这里，我们选择以定期寿险 A 作为参考，如表 8.1 所示。

表 8.1　产品介绍表一

项目		定期寿险 A	别人推荐给你的产品
基础信息			
可投保年龄		18～60 周岁	
保险期间可选		10/20/30 年， 至 60/65/70 周岁	
缴费期可选		1/5/10/20/30 年	
可保职业类别		1～6 类	
等待期		90 天	
犹豫期		20 天	
保额限制		最低 10 万元 有社保最高 300 万元 没社保最高 200 万元	
销售区域		全国（除新疆、西藏、港澳台）	
是否体检		否	
免体检额度		最高 300 万元	
保障责任			
寿险责任		100% 保额 保意外身故 / 非意外身故	
全残责任		100% 保额 部分伤残责任	
投保人豁免	投保人豁免	无	
	互保支持	可以给自己 / 父母 / 配偶 / 子女投保	
年缴保费			
交 30 年保 30 年，保额 100 万元			
20 周岁男 / 女		680 / 320 元	

续表

项目	定期寿险 A	别人推荐给你的产品
30 周岁男 / 女	1340 / 720 元	
40 周岁男 / 女	3360 / 2030 元	
交 20 年保 20 年，保额 100 万元		
20 周岁男 / 女	500 / 230 元	
30 周岁男 / 女	910 / 440 元	
40 周岁男 / 女	1940 / 1080 元	
交 15 年保 20 年，保额 100 万元		
20 周岁男 / 女	620 / 290 元	
30 周岁男 / 女	1130 / 550 元	
40 周岁男 / 女	2400 / 1340 元	
50 周岁男 / 女	6320 / 3960 元	

【健康问询】

在该产品投保单上，健康问询主要问有没有得过癌症、糖尿病、心梗等比较严重的疾病，是否怀孕 28 周至产后 1 个月以内，有没有在别的保险公司投保 300 万元以上的寿险，有没有被其他保险公司延期 / 拒保过，有没有办过重大疾病的理赔、有没有危险活动嗜好。

这个健康问询是比较宽松的，在里面高血压 2 级及以上才需要告知，结节只询问了肺结节，可投保范围还是很宽的。

【除外项目】

除外责任一共 5 条，包括以下内容：

投保人对被保险人的故意杀伤、被保险人故意犯罪 / 抗法、毒品相关、2 年内自杀、战争 / 暴乱 / 核爆炸等情况。

这个除外项目还算是比较少的，没有常见的酒驾等内容。

【特色内容】

定期转终身：在保单周年日第二年至第十年，每次保单到期日前 30 天，可以申请将定期险转为在售的终身险，转换成功后需要补齐保费差价。

免体检加保：在保单周年日第二年至第五年，且未满 45 周岁，每次保单到期日前 30 天，可以申请加保，加保按最初投保时的健康状况、年龄来算，每次最高加保初始保额 50% 的额度且不超过 100 万元，加保后的累计额度不超过 500 万元。

这两项特色内容，分别对应的是责任的增加和责任的转变。比如家庭的收入和支出增加了，被保险人对家人的责任增加了，那么需要增加额度；或者说家庭的现金流完全可以覆盖家庭经济责任了，被保险人更多地去考虑资产传承，那么就可以定期转终身了。

需要注意的是，这两条是放在条款里面的，也就是保证了保单转换的权益。

【小结】

这类产品可以很好地保障被保险人对家庭的责任，保证在未来一段时间内，被保险人万一意外身故，那么家人就能得到一笔理赔，保障他们在一定年限内，正常的生活水平不受影响。

8.1.2 减额寿险

减额寿险，指的是这个寿险会按照一定的比例，定期减少额度，最终递减为 0。

因为额度递减，所以这种产品比通常的定期寿险要便宜一些。如果我们需要每年还款，有额度年年递减的债务，比如说房贷等，则可以选择这类寿险。

这类型的寿险可以保证，万一被保险人身故，其家人不用担心房贷等债务怎么偿还，被保险人也不用保太高的额度，交过多的保费。

在这里，我们选择减额定期寿险 B 作为参考，如表 8.2 所示。

表 8.2 产品介绍表二

项目		减额定期寿险 B	别人推荐给你的产品
基础信息			
可投保年龄		18～60 周岁	
保险期间可选		10 年、15 年、20 年、25 年、30 年	
缴费期可选		5 年、10 年、15 年、20 年、25 年	
可保职业类别		1～6 类	
等待期		90 天	
犹豫期		20 天	
保额限制		一类地区最高 300 万元 二类地区最高 200 万元 三类地区最高 150 万元	
销售区域		全国（除港澳台）	
是否体检		否	
免体检额度		最高 300 万元	
保障责任			
寿险责任		100% 保额 保意外身故 / 非意外身故	
全残责任		100% 保额 部分伤残责任	
投保人豁免	投保人豁免	无	
	互保支持	可以给自己 / 父母 / 配偶 / 子女投保	
年缴保费			
交 25 年保 30 年，保额 120 万元			
20 周岁男 / 女		521.6 / 243.2 元	
30 周岁男 / 女		945.6 / 472.0 元	

续表

项目	减额定期寿险 B	别人推荐给你的产品
40 周岁男 / 女	2133.2 / 1191.6 元	
交 15 年保 20 年,保额 120 万元		
20 周岁男 / 女	476.4 / 219.0 元	
30 周岁男 / 女	801.0 / 381.6 元	
40 周岁男 / 女	1646.4 / 858.0 元	
交 5 年保 10 年,保额 120 万元		
20 周岁男 / 女	638.4 / 291.6 元	
30 周岁男 / 女	962.4 / 451.2 元	
40 周岁男 / 女	1924.8 / 942.0 元	
50 周岁男 / 女	4118.4 / 2379.6 元	
交 5 年保 10 年,保额 100 万元		
60 周岁男 / 女	9893.0/ 6216.0 元	

【健康问询】

在该产品投保单上,健康问询主要问有没有得过比较严重的疾病,是否怀孕 28 周至产后 2 个月以内,有没有被其他保险公司延期 / 拒保过,有没有办过重大疾病的理赔,有没有危险活动嗜好等。

这个健康问询是比较宽松的,在里面高血压 2 级及以上才需要告知,结节只问询了肺结节。同时,没有问到职业,这样很多危险系数较高的职业也可以投保,可以说投保范围还是很宽的。

【除外项目】

除外责任一共 3 条,主要包括以下内容:

投保人对被保险人的故意杀伤、被保险人故意犯罪 / 抗法、2 年内自杀这些情况。

这个除外项目算是很少的了,没有常见的酒驾、战争等除外内容,这样即使碰到一些极端情况，也可以得到赔付。

【小结】

这款产品的针对性非常强，在应对债务等责任的时候，有更高的杠杆，真正地把钱花在刀刃上。如果有房贷/债务的人，可以考虑这类减额寿险，保证自己的债务不会给自己的家人造成经济上的困扰。

8.1.3 终身寿险

人，固有一死，所以终身寿险是一定会得到理赔的产品，这样的产品也有杠杆，但是相对定期寿险来说，它的杠杆就低了不少。

定期寿险的高杠杆，可以让我们用低保费换来很高的保障额度。可是在定期寿险的保障期结束以后，我们差不多已经60多岁了。这个时候我们对家庭没有了那么高的经济责任，我们就会开始考虑资产传承的问题，即如何把资产无损甚至加倍地传给我们的后代。

这里，我们选择以终身寿险 C 作为参考，如表 8.3 所示。

表 8.3 产品介绍表三

项目	终身寿险 C	别人推荐给你的产品
基础信息		
可投保年龄	18～65 周岁	
保险期间可选	终身	
缴费期可选	1/3/5/10/15/20 年	
等待期	90 天	
犹豫期	15 天	
保额限制	最低 30 万元，最高无上限（需提供对应的资产证明）	
销售区域	该公司有分支公司的省市	

续表

项目		终身寿险 C	别人推荐给你的产品
是否体检		超过一定额度需要体检	
免体检额度		根据能提供的资产/收入证明有不同的档位，最高 800 万元免体检 不提供资产类证明： 18～40 周岁，100 万元免体检 41～45 周岁，70 万元免体检 46～50 周岁，50 万元免体检 51～55 周岁，30 万元免体检 56 周岁及以上，必须体检	
保障责任			
寿险责任		100% 保额 保意外身故/非意外身故	
全残责任		100% 保额 部分伤残责任	
投保人豁免	投保人豁免	无	
	互保支持	可以给自己/父母/配偶/子女投保	
年缴保费			
交 20 年保终身，保额 100 万元			
20 周岁男/女		11500/9800 元	
30 周岁男/女		15800/13700 元	
40 周岁男/女		21900/19100 元	
50 周岁男/女		30500/26800 元	
交 10 年保终身，保额 100 万元			
20 周岁男/女		20200/17300 元	
30 周岁男/女		27700/24000 元	
40 周岁男/女		38100/33400 元	
50 周岁男/女		52000/46200 元	
60 周岁男/女		71500/63900 元	

续表

项目	终身寿险 C	别人推荐给你的产品
交 1 年保终身，保额 100 万元		
20 周岁男 / 女	152700 / 130800 元	
30 周岁男 / 女	209100 / 181500 元	
40 周岁男 / 女	285800 / 251500 元	
50 周岁男 / 女	386700 / 346300 元	
60 周岁男 / 女	515300 / 469200 元	

【健康问询】

该产品投保单，就是常见的线下投保的投保单，问题有 20 多条，问的内容也很细致，如有没有得过比较严重的疾病、是否怀孕 28 周至产后 1 个月以内、有没有被其他保险公司延期 / 拒保过、有没有办过重大疾病的理赔、过去有没有住院 / 手术 / 体检异常、有没有危险活动嗜好、家族病史、职业等。

这个健康问询是比较严格的，但是终身寿险的核保相对来说还是比重疾险要宽松，像一些结节的情况，重疾险会除外，寿险这边就不会有对应的除外。

【除外项目】

除外责任一共 7 条，主要包括以下内容：

投保人对被保险人的故意杀伤、被保险人故意犯罪 / 抗法、2 年内自杀、酒驾、毒品、战争 / 暴乱、核爆炸等情况。

常见的线下产品、重疾险通常都是这样的除外责任。不过这些除外责任要不就是道德风险，要不就是极端情况，还是比较少见的。

【小结】

终身寿险是传承资产的好工具，因为理赔存在很强的必然性，所以在核保上，比定期寿险要求要高，比重疾险要求要低。

对于有一定资产，希望将自己的资产无损地传承下去，同时健康状况比较好的人来说，可以考虑终身寿险。

8.1.4 增额寿险

有了减额寿险，也就有增额寿险。

不一样的地方在于，减额寿险基本都是定期的，主要保障债务的偿还，增额寿险则基本都是终身的，主要是为了资产传承，并且额度可以增长。

这里，我们以增额寿险 D 作为参考，如表 8.4 所示。

表 8.4 产品介绍表四

项目	增额寿险 D	别人推荐给你的产品
基础信息		
可投保年龄	7 天～65 周岁	
保险期间可选	终身	
缴费期可选	1/3/5 年	
等待期	90 天	
犹豫期	20 天	
保额限制	根据保费算保额	
销售区域	该公司有分支公司的省市	
是否体检	免体检 / 体检	
免体检额度	7 天～14 周岁，累计保费小于 2000 万元；15～50 周岁，累计保费小于 1000 万元；51～60 周岁，累计保费小于 600 万元；61 周岁及以上，累计保费小于 200 万元	

续表

项目		增额寿险 D	别人推荐给你的产品
保障责任			
寿险责任		0～17 周岁：已交保费和现金价值取大 18 岁至缴费期内： 18～40 周岁：160% 的保额 41～60 周岁：140% 的保额 61 周岁以上：120% 的保额 基础保额乘以以上年龄段的比例和现金价值取大 满 18 周岁且缴费期满后： 18～40 周岁：160% 的保额 41～60 周岁：140% 的保额 61 周岁以上：120% 的保额 基础保额乘以以上年龄段的比例和现金价值、当年有效保额之间，三者取大	
增额方式		每年增额 = 上一年保额 ×3.5% 若首年保额 300 万元，那么第二年增额后为 310.5 万元，第三年增额后为 321.3675 万元，以此类推	
投保人豁免	投保人豁免	无	
	互保支持	可以给自己 / 父母 / 配偶 / 子女投保	
年缴保费			
交 5 年保终身，保额 10 万元			
投保年龄	男 / 女 年缴保费	70 周岁时保额	80 周岁时保额
20 周岁	22770 / 22720 元	558492.6 元	787809.0 元
30 周岁	22810 / 22740 元	395925.9 元	558492.6 元
40 周岁	22880 / 22770 元	280679.3 元	395925.9 元
50 周岁	23110 / 22870 元	198978.8 元	280679.3 元
60 周岁	23100 / 22880 元	141059.8 元	198978.8 元

续表

项目				别人推荐给你的产品
		增额寿险 D		
交 3 年保终身，保额 10 万元				
投保年龄	男 / 女 年缴保费	70 周岁时保额	80 周岁时保额	
20 周岁	37670 / 37590 元	558492.6 元	787809.0 元	
30 周岁	37750 / 37610 元	395925.9 元	558492.6 元	
40 周岁	37870 / 37670 元	280679.3 元	395925.9 元	
50 周岁	38290 / 37860 元	198978.8 元	280679.3 元	
60 周岁	38300 / 37890 元	141059.8 元	198978.8 元	
交 1 年保终身，保额 10 万元				
投保年龄	男 / 女 年缴保费	70 周岁时保额	80 周岁时保额	
20 周岁	105460 / 105290 元	558492.6 元	787809.0 元	
30 周岁	105660 / 105350 元	395925.9 元	558492.6 元	
40 周岁	105850 / 105430 元	280679.3 元	395925.9 元	
50 周岁	106840 / 105870 元	198978.8 元	280679.3 元	
60 周岁	106620 / 105840 元	141059.8 元	198978.8 元	

【健康问询】

该投保单，就是常见的线下投保的投保单，问题有 20 多条，问的内容也很细致，如是否得过比较严重的疾病、是否怀孕 28 周至产后 1 个月以内、有没有被其他保险公司延期 / 拒保过、有没有办过重大疾病的理赔、过去有没有住院 / 手术 / 体检异常、有没有危险活动嗜好、家族病史、职业等。

但是因为增额寿险的杠杆极低，基本可以说是没有什么杠杆，主要是保额每年按照一定的复利增值，所以在核保上面也是极其宽松的，基本上只要被保险人没有大病或者几年内就很有可能离世，一般都可以过核保。

【除外项目】

除外责任一共 7 条，主要包括以下内容：

投保人对被保险人的故意杀伤、被保险人故意犯罪 / 抗法、2 年内自杀、酒驾、毒品、战争 / 暴乱、核爆炸等情况。

常见的线下产品、重疾险通常都是这样的除外责任。不过这些除外责任要不就是道德风险，要不就是极端情况，还是比较少见的。

【小结】

增额终身寿险几乎不存在杠杆。

这种产品主要的功能就是拥有一个稳定的复利利率，通过长达三四十年的复利周期，实现保额的增长，使其超过普通终身寿险的保额。

与保障属性相比，这类产品投资属性更强。这种情况下，被保险人活得越久，利益越高。

它几乎不需要健康核保，适合健康状况不太好，又需要终身寿险的人。

8.2 重疾险

重疾险，可谓是现在人身健康险的主流了。

在这个模块，产品的区别非常的小，大部分产品都差不多，但是细节上又有着细微的区别。那么在这里，我们挑选几款比较有竞争力的产品，来做一个讲解。

8.2.1 定期重疾险（单次赔付重疾）

定期重疾险，指的是那种保几十年的重疾险，这种重疾险赔付的钱款，可以作为我们投保后几十年内，重大疾病治疗后疗养费用的补充。因为保障期短，所以保费较低，给到的杠杆更高，适合被保险人在家庭责任高峰期内投保。

现在的保险市场上，定期的重疾险往往和终身的重疾险是同一款，只是保障期间不一样。所以这里举例选择的重疾险产品，可以保定期（至70周岁），也可以保终身（终身单次赔付重疾险），这两类重疾险都可以用这款产品来进行对比。

在这里，我们选择以重疾险 E 作为参考，如表 8.5 所示。

表 8.5 产品介绍表五

项目		重疾险 E	别人推荐给你的产品
基础信息			
可投保年龄		28 天～50 周岁	
保险期间可选		至 70 周岁/终身	
缴费期可选		5 年、10 年、15 年、20 年、30 年	
等待期		90 天	
犹豫期		15 天	
保额限制		最低 10 万元,最高 70 万元 其他的同类产品可做高保额,需提交对应资产证明	
销售区域		该公司有分支机构的省市	
是否体检		否	
可投保额度		0～40 周岁 70 万元	
		41～50 周岁 40 万元	
保障责任			
重疾责任	病种数量	100 种	
	赔付次数	1 次	
	赔付额度	60 岁之前出险赔 160% 保额	
		60 周岁及以后出险赔 100% 保额	
		重疾赔付后只剩下癌症多次责任	
前症	病种数量	20 种	
	分几组 最多赔几次	不分组,只能赔 1 次	
	赔付额度	15% 基础保额	
	间隔期	—	

续表

项目		重疾险 E	别人推荐给你的产品
可选责任			
癌症多次赔付	赔付额度	120% 基础保额	
	赔付要求	癌症复发、转移、新发、持续都可以赔	
	间隔期	首次重疾是癌症，间隔期 3 年	
		首次重疾非癌症，间隔期 180 天	
中症	病种数量	20 种	
	分几组最多赔几次	不分组，只能赔 2 次 首次理赔后豁免保费	
	赔付额度	60% 基础保额	
	间隔期	无	
轻症	病种数量	35 种	
	分几组最多赔几次	不分组，只能赔 3 次 首次理赔后豁免保费	
	赔付额度	35% 保额	
	间隔期	无	
全残责任		无	
身故责任（二选一）		已交保费	
		18 岁前赔已交保费，18 周岁后赔 100% 保额	
投保人豁免		投保人身故/重疾/中症/轻症/全残可豁免被保险人未交保费	
互保支持		支持投/被保险人不为同一人	
年缴保费			
交 30 年，保额 50 万元			
年龄/性别		保至 70 周岁（身故赔保额）+轻症+中症+癌症二次	保至终身（身故赔保费）+轻症+中症+癌症二次	
0 周岁男/女		2515/2215 元	2805/2835 元	

续表

项目		重疾险 E	别人推荐给你的产品
20 周岁男 / 女		4625 / 4045 元	5250 / 5335 元	
30 周岁男 / 女		6245 / 5355 元	7330 / 7310 元	
40 周岁男 / 女		—	—	
交 20 年，保额 50 万元				
年龄 / 性别		保至 70 周岁（身故赔保额）+ 轻症 + 中症 + 癌症二次	保至终身（身故赔保费）+ 轻症 + 中症 + 癌症二次	
0 周岁男 / 女		3315 / 2920 元	3695 / 3735 元	
20 周岁男 / 女		6025 / 5260 元	6840 / 6935 元	
30 周岁男 / 女		7980 / 6860 元	9365 / 9365 元	
40 周岁男 / 女		10465 / 8505 元	12900 / 12330 元	
交 10 年，保额 40 万元				
年龄 / 性别		保至 70 周岁（身故赔保额）+ 轻症 + 中症 + 癌症二次	保至终身（身故赔保费）+ 轻症 + 中症 + 癌症二次	
50 周岁男 / 女		33620 / 29856 元	42164 / 38000 元	

【健康问询】

该投保单就是常见的投保单，问题有 11 条，问的内容也很细致，如是否得过比较严重的疾病、是否怀孕、有没有被其他保险公司延期 / 拒保过、有没有办过重大疾病的理赔、过去有没有住院超过 15 天、有没有危险活动嗜好、家族病史、职业等。需要注意的是，重疾险 E 所在的公司通常不问体检异常。

在这种情况下，这个健康问询是比较宽松的，因为不问体检异常，很多细微的体检异常就不需要告知了。如果有符合问询的项目，需要点进去告知，但是线上能告知的项目比较少，如果有不符合智能告知的内容，就只能走人工核保。但是线上产品的人工核保，通常偏严格。

【除外项目】

除外责任里面，身故除外 7 条、其他责任 9 条，主要包括以下内容：

投保人对被保险人的故意杀伤、被保险人故意犯罪/抗法、2 年内自杀、酒驾、毒品、战争/暴乱、核爆炸等情况。

这个除外项目比常见的稍微少一点点，少了被保险人故意自伤。不过这些除外责任要不就是道德风险，要不就是极端情况，还是比较少见的。

【小结】

这款产品是一个不错的重疾单次赔付重大疾病保险，可以保定期，也可以保终身。

癌症可以二次赔付，并且有前症赔付（肺结节手术也可以赔付），对轻症和中症的保障也是市面上比较高的水平，从保障层面来说，有一定的市场竞争力。

8.2.2 终身重疾险（多次赔付重疾）

和定期重疾险对应的，就是终身重疾险，定期可能保到六七十岁就到期了，到期后保障责任终止。虽说那个时候我们的家庭责任也减轻了很多，但是这不代表我们不需要一个持续的、健康方面的保障。

终身重疾险，就是作为我们这一生所需要的，一份稳定且长久的大病治疗费用的保障而存在。

现在市场上的很多终身重疾险都带有重大疾病多次赔付的功能，所以这里我们选择的是一款重大疾病既可以多次赔，又可以保障终身的产品。

这里，我们选择终身重疾险 F 作为参照，如表 8.6 所示。

表 8.6 产品介绍表六

项目	终身重疾险 F	别人推荐给你的产品
基础信息		
可投保年龄	30 天～60 周岁	

第 8 章 市场上实际的产品是什么样的

续表

项目		终身重疾险 F	别人推荐给你的产品
保险期间		终身	
缴费期可选		10 年、15 年、20 年、30 年	
等待期		90 天	
犹豫期		15 天	
保额限制		最低 10 万元，最高 66 万元 可做高保额，需提交对应资产证明	
销售区域		该公司有分支机构的省市	
是否体检		是	
免体检额度		0～17 周岁　58 万元 18～40 周岁　66 万元 41～45 周岁　40 万元 46～50 周岁　26 万元 51～55 周岁　20 万元 56～60 周岁　13 万元	
基础责任			
身故责任		18 岁前赔已交保费 18 周岁后赔 100% 保额	
重疾责任	病种数量	110 种	
	分几组 最多赔几次	分 5 组 每组可赔一次	
	赔付额度	每次 100% 基础保额	
	间隔期	180 天	
中症	病种数量	20 种	
	分几组 最多赔几次	不分组，每种赔一次 最多 2 次	
	赔付额度	60% 基础保额 / 次	
	间隔期	无	
轻症	病种数量	35 种	
	分几组 最多赔几次	不分组，每种赔一次 最多 3 次	
	赔付额度	30% 基础保额 / 次	
	间隔期	无	

续表

项目		终身重疾险 F	别人推荐给你的产品
全残责任		无	
被保险人豁免		首次轻症/中症/重症可豁免未交保费	
可选责任			
前症	病种数量	18 种	
	分几组最多赔几次	只能赔 1 次	
	赔付额度	20% 基础保额	
	间隔期	—	
投保人豁免		投保人身故/重疾/中症/轻症/全残可豁免被保险人未交保费	
互保支持		支持投/被保险人不为同一人	
年缴保费			
交 30 年，保额 50 万元			
年龄/性别		保至终身+前症	
0 周岁男/女		3960/3720 元	
20 周岁男/女		7810/7530 元	
30 周岁男/女		11175/10655 元	
40 周岁男/女		16830/15200 元	
交 20 年，保额 50 万元			
年龄/性别		保至终身+前症	
0 周岁男/女		4795/4505 元	
20 周岁男/女		9295/8860 元	
30 周岁男/女		12940/12275 元	
40 周岁男/女		18365/16930 元	
交 15 年，保额 10 万元			
年龄/性别		保至终身+前症	
50 周岁男/女		32220/28350 元	

【健康问询】

该投保单就是常见的投保单，问题有 11 条，问的内容也很细致，如是否得过比较严重的疾病、是否怀孕、有没有被其他保险公司延期/拒保过、有没有办过重大疾病的理赔、过去有没有住院超过 15 天、有没有危险活动嗜好、家族病史、职业等。需要注意的是，终身重疾险 F 所在的公司通常不问体检异常。

在这种情况下，这个健康问询是比较宽松的，因为不问体检异常，很多细微的体检异常就不需要告知了。如果有符合问询的项目，需要点进去告知，但是线上能告知的项目比较少，如果有不符合智能告知的内容，就只能走人工核保。但是线上产品的人工核保，通常偏严格。

【除外项目】

除外责任里面，身故除外 7 条、其他责任 9 条，主要包括以下内容：

投保人对被保险人的故意杀伤、被保险人故意犯罪/抗法、2 年内自杀、酒驾、毒品、战争/暴乱、核爆炸、艾滋等情况。

这个除外项目就是线下保险的常规水平。不过这些除外责任要不就是道德风险，要不就是极端情况，还是比较少见的。

【小结】

对于很多得过重疾的人来说，再购买健康类的保险产品是十分受限的。

所以这种重疾多次赔付的产品，能保证一个人一旦第一次出险了，后面还能有其他的重疾保障。

8.3 意外险

在生活中,我们经常能碰到很多意外险的推荐,他们可能来自电话、来自弹窗,那么,这些意外险到底好不好?有没有投保的必要呢?

8.3.1 综合意外险

市面上的意外险有很多,我在这里选择一个较好的产品给你作为参考。如果别人推荐给你的意外险,其保障和这个产品差不多,保费更低,那就还算是不错的产品;如果保费比这个产品高,保障内容却偏少,就要好好掂量一下了。

这里,我们选择的是意外险 G,如表 8.7 所示。

表 8.7 产品介绍表七

项目	意外险 G	别人推荐给你的产品
基础信息		
可投保年龄	90 天~65 周岁	
保险期间可选	1 年	
缴费期可选	1 年	

续表

项目		意外险 G	别人推荐给你的产品
等待期		投保次日生效 无等待期	
犹豫期		0	
保额限制		5 万～100 万元	
销售区域		全国（除港澳台）	
是否体检		否	
保障责任			
意外伤害	意外身故	意外身故，包含了自驾车、公共交通等意外 100% 保额	
	意外伤残	分 8 类 10 级 281 项 1 级赔 100%，10 级赔 10% 以此类推	
意外医疗		可选 0～5 万元保额 可扩展 10% 自费药 100 免赔，100% 赔付	
航空意外		在意外伤害基础上额外赔付 可选 3 万～100 万元 叠加基础保额不超过 200 万元	
公共交通意外		在意外伤害基础上额外赔付 可选 3 万～100 万元 叠加基础保额不超过 200 万元	
自驾车意外		在意外伤害基础上额外赔付 可选 3 万～50 万元 叠加基础保额不超过 100 万元	
意外住院津贴		100/200 元 / 天 ICU 翻倍	
年缴保费			
50 万元意外伤害 +5 万元意外医疗 + 扩展自费药		424 元	
50 万元意外伤害 +50 万元自驾车意外伤害 +5 万元意外医疗 + 扩展自费药		509 元	

续表

项目	意外险 G	别人推荐给你的产品
100 万元意外伤害	728 元	
100 万元意外伤害 +5 万元意外医疗 + 扩展自费药	872 元	
100 万元意外伤害 +100 万元航空意外 +5 万元意外医疗 + 扩展自费药	924 元	

【核保】

意外险属于当天投保第二天就生效的产品,没有等待期,也没有犹豫期。

因为不涉及健康保障,所以也没有核保这个步骤,少部分意外险会带有猝死责任,不过这种产品一般也不需要做健康告知。

【除外责任】

意外险的除外责任可以说相当多,主要除外的项目是非意外、故意、非法、暴乱及高风险等情况。

比如:投保人的故意行为、自杀、斗殴、怀孕、艾滋病、整容、原子能装置造成的爆炸、恐怖主义、非商业航班的航空器、战争、酒驾、从事潜水/跳伞等高风险运动期间等。该意外险的除外责任足足有 21 条,可以说是不少了,不过主要是在重大疾病的常见除外责任以外,增加了一些疾病和高风险的除外责任。

【小结】

意外险并不算很复杂,如果被推荐的产品和这款的保障责任差不多,能做到"普通意外伤害+意外医疗(扩展自费药)",同样的保额其保费差不多甚至更低,就可以选择投保了。

8.3.2 旅行意外险

境内旅行险现在的保障责任都有了很大削减,保障责任很少,没太多需要介绍的,这里就拿一个我买的次数最多的境外旅行险 H 举例。

这里我选择以境外旅行险 H 作为参考,如表 8.8 所示。

表 8.8 产品介绍表八

项目		境外旅行险 H	别人推荐给你的产品
基本信息			
可投保年龄		1～80 周岁	
保险期间可选		1～183 天	
缴费期可选		趸交	
等待期		无	
生效日		可选生效日,最晚不能晚于出境前	
犹豫期		生效前可以退保	
理赔方式		理赔资料拿回国内办理 视情况需要境外大使馆的翻译 + 认证	
保额限制		20 万～50 万元	
销售区域		全国(除港澳台)	
是否体检		否	
保障责任			
意外伤害	意外身故	意外身故,包含了自驾车、公共交通等意外 100% 保额	
	意外伤残	分 8 类 10 级 281 项 1 级赔 100%,10 级赔 10% 以此类推	
意外医疗		5/10/20 万元 0 免赔 100% 赔付	
每日住院津贴		50/100/150 元	
疾病身故		5/10/10 万元	
医疗运送和送返		20/30/50 万元	
身故遗体送返		20/25/30 万元 (其中丧葬保险金 1.6 万元)	

续表

项目	境外旅行险 H	别人推荐给你的产品
亲属慰问探访费用	3000/5000/8000 元	
直飞航班取消、返航、备降	100/100/200 元	
直飞航班延误（每 5 小时 200 元，仅承保国际直飞）	200/400/600 元	
行李延误（每 8 小时 500 元）	500/500/1000 元	
旅行证件遗失	2000/3000/5000 元	
随身财产	3000/5000/6000 元	
银行卡盗刷	2000/3000/5000 元	
旅行期间家财责任	3000/4000/5000 元	
个人责任	10/20/30 万元	
特别责任	境外医疗直付 保险公司可以协助安排医院就医，垫付医疗费	
保费		
1～3 天 计划 A/B/C 对应保费	20/30/50 元	
4～7 天 计划 A/B/C 对应保费	30/40/60 元	
8～10 天 计划 A/B/C 对应保费	40/50/70 元	
11～15 天 计划 A/B/C 对应保费	50/70/90 元	

【核保】

旅行险跟普通意外险一样，也是没有核保的，只要投保都能正常承保。不过对于既往症，如果出境旅行期间复发或做基础治疗，是不能得到赔付的。境外赔付的医疗费用主要针对急性病和意外医疗。

【除外责任】

旅行险的除外责任和普通意外险也差不多，毕竟保障的主险内容也是一致的。

除外责任包括：投保人的故意行为、自杀、斗殴、怀孕、艾滋病、整容、原子能装置造成的爆炸、恐怖主义、非商业航班的航空器、战争、酒驾、从事潜水／跳伞等高风险运动期间等。除外责任足足有 21 条，可以说是不少了，不过主要是在重大疾病的常见除外责任以外，增加了一些疾病和高风险的除外责任。

【小结】

旅行险应该是一个全方位的保险，要对我们旅行中的方方面面都做到对应的保障，比如这个产品里包含的个人责任保险，就是在外旅行期间，如果被保险人对第三方造成了经济损害，可以由保险公司按规定进行赔偿。

因为赔付率的原因，境内旅行险很多保障责任被取消了，希望境内旅行险能早日恢复急性病医疗、延误等责任。

8.4 医疗险

一个什么样的医疗险是合格的,相信很多人都不清楚,尤其是最近几年颇受欢迎的百万医疗险,产品看起来似乎都差不多,可是真的都差不多吗?

在医疗险里面,一般人接触的最多的就是百万医疗险和中端医疗险,在这里,我们就找两款这样的产品,介绍一下产品内容。

8.4.1 百万医疗险

在这里,我们以当前市场上各方面表现都比较良好的百万医疗险 I 作为参考,如表 8.9 所示。

表 8.9 产品介绍表九

项目	百万医疗险 I	别人推荐给你的产品
基础信息		
可投保年龄	30 天～60 周岁	
保险期间可选	1 年	
缴费期可选	1 年	
医院范围	二级及以上的公立医院普通部	

续表

项目	百万医疗险 I	别人推荐给你的产品
等待期	30 天	
犹豫期	无	
保额限制	300 万元	
销售区域	中国境内（不含港澳台）	
是否体检	否	
免体检额度	不体检	
保障责任		
一般住院医疗	社保报销后，1 万元免赔额，最高 300 万元保额 100% 赔付	
重大疾病医疗	100 种重疾 +121 种罕见病 0 免赔，最高保额 600 万元，100% 赔付	
恶性肿瘤质子重离子医疗	最高 600 万元，100% 赔付	
恶性肿瘤院外特定药品费用医疗（外购药）	最高 600 万元	
国内医疗总保额	最高 600 万元 / 年	
保障范围	不限社保内用药，包含自费药	
特色服务		
特色服务	医疗垫付、重疾绿通、肿瘤特药、术后家庭护理服务	
年缴保费		
年龄	有社保	无社保
0 周岁	796 元	1659 元
20 周岁	195 元	354 元
30 周岁	308 元	659 元
40 周岁	497 元	1279 元
50 周岁	943 元	2853 元

【核保】

因为百万医疗险有1万元的免赔额，所以它的健康问询相较于中端医疗险来说，并不算多。

在问询表里，主要提到了职业是否是高风险职业，1年内有没有体检异常/2年内有没有住院，以及有无被其他保险公司拒保/延期等历史，剩下的就是问有没有一些疾病，比如癌症、2级及以上高血压、不明性质的结节、主动脉瘤等，询问的都是相对来说比较严重或者未明确的情况。

【除外责任】

虽然健康告知较少，但是，对于问询表里面没有提到的项目，在除外责任里都除外了。

除外责任里明确既往症除外，也就是投保之前有过的症状，投保之后治疗不进行理赔。

在此之外，也是一些常见的除外，包括违法犯罪、自杀、吸毒、酒驾、未经医生建议自行治疗、整形、孕产、高风险运动、精神疾病等。

【小结】

对于有社保的人来说，百万医疗险很适合作为大额医疗费用的保障。但是没有社保的话，投保费用相对来说就比较高了，可以看看中端医疗险。

8.4.2 中端医疗险

中端医疗险在现在的市场上，占有率很低，产品也很少，是百万医疗险的升级款，但是限制更多，在这里，我们拿中端医疗险的"常青款"出来讲一讲。

这里我们选择以中端医疗险J作为参考，如表8.10所示。

表 8.10　产品介绍表十

项目	中端医疗险 J	别人推荐给你的产品
基础信息		
可投保年龄	30 天～54 周岁	
保险期间可选	1 年	
缴费期可选	1 年	
医院范围	二级及以上的公立医院普通部 可扩展特需部	
等待期	30 天	
犹豫期	无	
保额限制	15 万～150 万元	
销售区域	中国境内（不含港澳台）	
是否体检	否	
免体检额度	不体检	
保障责任（此处选择套餐二）		
一般住院医疗	30 万元保额 0 免赔，100% 赔付	
恶性肿瘤医疗保险金	30 万元保额 0 免赔，100% 赔付	
手术植入器材费	累计赔付限额 2 万元	
耐用医疗设备费	0 元	
临终关怀	0 元	
精神和心理障碍治疗费	累计赔付限额 2 万元	
质子重离子治疗费	30 万元保额	
特殊门急诊	放化疗/肾透析/肿瘤免疫疗法/肿瘤内分泌疗法/肿瘤靶向治疗/门诊抗排异/门诊手术	
住院前后门急诊	住院前 7 天、出院后 30 天门急诊	
特色服务		
特色服务	医疗垫付、重疾绿通、重大疾病专家手术安排	

续表

项目	中端医疗险 J		别人推荐给你的产品
年缴保费			
年龄	有社保	无社保	
0 周岁	783.75 元	969.95 元	
20 周岁	482.60 元	531.05 元	
30 周岁	609.90 元	683.05 元	
40 周岁	860.75 元	943.35 元	
50 周岁	1481.05 元	1639.70 元	

【核保】

中端医疗险的核保,相对来说就比较严格了,它的告知内容和重疾险的差不多,都比较详尽。

因为医疗险理赔门槛低的特性,所以核保门槛很高,如果患有常见的乳腺增生,都有很大可能会除外相关责任,而重疾险通常是正常承保的。

所以健康状况不太好的,不太建议选择中端医疗险,可以更多地考虑百万医疗险。

【除外责任】

医疗险和意外险的除外责任都属于比较多的,它对于很多内容进行了除外。

比如:投保人对被保险人的故意伤害、犯罪、自杀、酒驾、既往症、先天性疾病/遗传性疾病、整容、齿科、保健类/康复类治疗、体检、非处方开具的药品和设备、视觉治疗等。其中,主要除外的是犯罪/自杀,以及逆选择风险非常高的项目。

【小结】

中端医疗险没有免赔额,只要住院就能赔,但是核保会比较麻烦,健康状况比较好的人可以多考虑一下中端医疗险。

第 9 章

企业怎么买保险

相信很多阅读这本书的朋友，都已经参加工作了。我们经常会听说公司给我们买了各种各样的保险，比如说企业补充医疗险、团体意外险、雇主责任险等。在入职的时候，人力资源部门会把我们加入到公司的保障列表里。

当我们在这个公司就职的时候，可以享有这些保险产品带来的对应的保障权利，但是我们对这种产品的具体责任往往知之不详。

是不是买了企业补充医疗险就可以什么医疗费用都报销了？

有了团体意外险，所有的意外都可以赔吗？

雇主责任险是不是只管上班期间？

随之而来的疑问太多，但是公司往往在这方面传达的信息很有限。企业补充保险到底给了我们什么样的福利，我们什么情况下能报销，什么情况下不能报销，这就是本章节需要讲解的内容，从而让你对你的福利更清楚。

9.1 企业补充医疗险

企业补充医疗险（简称补充医疗险），是一种很常见的福利保险，是有一定规模的公司都可以给员工投保的，一般要求投保人数在20人及以上，如果是5～19人之间，则只能选择有社保住院计划，不带门诊责任的了；小于5人的话，可能就无法投保了。

因为带着医疗两个字，所以很多人以为，只要是医疗就能全部进行赔付，那么事实是不是这样子的呢,让我们来看一看。

(1) 报销医院范围

首先,补充医疗险是一种和社保高度绑定的医疗保险,它有一个理赔前提——社保报销,就是在有社保报销的前提下,进行门诊/住院,才可以得到一定的赔付。

那么这就排除了国际部、特需部和私立医院,必须是在社保定点医院普通部就医,才可以理赔。

(2) 报销比例

在有医保的前提下,它的报销范围,其实就是为了补充社保不报销的那一部分。

报销比例通常是100%,也有少部分公司可能选择的是80%或90%的赔付比例,这个就要参照自己公司具体的保单内容来看了。

以北京职工医保举例,假设一个人拥有北京职工医保,一次在三甲医院住院,花了8万元,其中社保内用药5万元。

那么,北京的医保报销情况如下。

0~4万元部分,报销86%,即$40000 \times 0.86 = 34400$(元)。

4万元以上部分,报销95%,即$10000 \times 0.95 = 9500$(元)。

这种情况下,社保内用药5万元,社保报销了43900元,剩下的6100元,就是补充医疗险报销的部分。如果公司投保的是100%比例赔付计划,那就可以获得6100元理赔款。

(3) 报销范围

前面说的是报销比例,现在我们再说一下报销范围。

在医保里面,我们都知道,医保药品分为三类,就是甲类、乙类、丙类。

甲类全部是医保内用药,乙类是部分医保内,丙类全部是自费药。

在补充医疗险的基础档这里,是只保障甲类社保药的。如果说之前例子中的 5 万元医疗费里面，有 4.5 万元是甲类，0.5 万元是乙类，那么最后社保没报销的甲类部分就是 5850 元，然后补充医疗险再从这 5850 元里面来报销。

如果将保障扩展到乙类药物，那就可以做到甲类、乙类药品 100% 报销。

如果扩展到丙类药物，那就可以做到部分丙类药物的赔付，毕竟丙类已经是自费药了。

而扩展了乙类和丙类药物，保费就需要进行一定比例的增长。

也就是说，常见的补充医疗险，主要保障的内容就是医保内用药，且是医保报销后剩下的那一部分。

还有一个问题就是，补充医疗险主要报销的是社保不报销的那一部分社保内费用，那么，是不是可以全额报销呢？

这里需要说明一下：不是的。

补充医疗险是有上限的，门诊上限一般是 1 万元，住院上限是 5 万元。

（4）核保要求

这一类团体保险的核保都是非常宽松的。

在日常的个人医疗险投保时，过去的住院、体检异常、手术记录等，都会成为保险公司除外的依据，并且对于这些承保前就存在的情况，后续带来的其他治疗，保险公司是不予理赔的。

但在团体保险的医疗告知上，对于一般既往症，基本都是不需要告知的，只有重大既往症，才需要告知，如恶性肿瘤、高血压、糖尿病、高血脂、心脏病、肝硬化等。

所以补充医疗险其实更像一般人理解的保险，投保了，以后看病就医，拿着资料来就能赔。

我们可以给补充医疗险进行一个总结：补充医疗险是社会医疗保险的补充医疗，报销的是社会医疗保险不报的那一部分，可以在一定程度上弥补社保的报销不足。

9.2 综合医疗险

如果说补充医疗险,是一个定式产品,那么综合医疗险,就是一个个性化产品,是补充医疗险责任上的一种延伸。

补充医疗险受社保的限制非常大,但是综合医疗险,则可以根据不同的需求,设计不同的责任。它的产品弹性是非常大的,因此在这里无法给出一个定式的综合医疗险方案让大家使用,只能讲一讲综合医疗险可以做到什么程度。

接下来让我们一起来看看,综合医疗险具体是什么样。

(1) 报销医院

可报销的医院,通常有四种常见的分类:社保定点医院普通部、三甲医院国际部/特需部、私立医院、昂贵医院。

一般医疗险覆盖范围,简略地可以分为这四档。

普通的医疗险,一般可报销的医院范围都是社保定点医院普通部,最多扩展了自费药,即合理且必需的治疗费用,可以得到100%报销。

但是在部分城市,普通部的医疗资源比较紧张,专家号/住院比较难,有可能有的公司会希望扩展到国际部/特需部,这样就医更方便。

但是国际部/特需部有两个特点:就医费用高,不能用医保。

这也造成了一个后果，就是扩展国际部/特需部的话，保费会比只覆盖普通部的高很多，公司可能并不愿意接受这么高的成本。

在这种情况下，可以考虑只扩展两三个离公司比较近的国际部/特需部，这样的话保费上涨幅度并不会太大，但是也能满足较高的就医需求。

能扩展私立医院/昂贵医院的，通常是团体高端医疗了。可是团体高端医疗应用较少，这里就不详细介绍了。

所以说，在医院的选择上，综合医疗险不仅仅有几个档位可以选，并且可以通过不完全开放某一个档位的方式，来提高体验，降低保费。

（2）报销比例

综合医疗险在报销比例上，通常都是100%报销，但是也会有一些限制，如限制单次住院额度，限制单日赔付额度。

比如，住院医疗额度是每人每年10万元，限制单次住院额度4万元，这样的话，一个人一次住院最多只能报销4万元。

这样就可以控制住赔付比例。不然的话，假如一个公司一年的保费是20万元，其中一个职员报销的金额就可能抵保费的一半，那么这一年的赔付数据这么高，第二年保险公司就很有可能会上涨保费。

如果是追求高福利的公司，可以提高赔付额度；如果公司希望给员工一定福利，但是又要控制公司成本的话，就可以选择限额。

这样控制赔付比例，让保单不会因为单个人报销额度过高，影响到整单的后期续保。

（3）报销范围

报销的药品可分为两类：社保内用药、自费药。

报销社保内用药，就是社保报销后剩下的那一部分，可以补充社保不能报销的部分。

如果说因为某些原因没有社保，比如外籍员工，或者因为特殊原因不能经过社保提前报销的话，综合医疗险也可以正常理赔，但是保费会有一定比例的上调。

如果是扩展了自费药的话，就要看是不是扩展了乙类和丙类两种药物。

如果说扩展了国际部/特需部，那就一定要扩展自费药，不然对理赔会有很大的影响。

在额度上，综合医疗险的额度限制没有补充医疗险那么固定，可以根据公司的情况自己来定。1万元的额度，占据的保费会比较多，增加的保额越多，增长的保费比例会越低。

同时，还可以在每个人的基础额度之上，增加一个共享额度功能。

比如说每个员工有10万元的医疗额度，一共500个员工，在此基础上，增加30万元的共享额度，每个员工最多可以使用3万元的共享额度。

这样的话，理论上每个员工的单年最高医疗额度就变成了13万元，如果遇到大额医疗，就可以用上这个功能了。

（4）扩展服务

综合医疗险，是一个弹性很强的产品。

它可以根据不同的公司要求，进行不同的约定，而某些细节条款上，综合医疗险甚至能比高端医疗险更好，例如：

1）可以在不增加保费的前提下增加齿科保险的相关条款；

2）扩展国际部的话，可以扩展国际部的物理治疗项目（合理且必需）。

（5）核保要求

这一类团体保险的核保都是非常宽松的。

日常的个人医疗险在投保时，被保险人过去的住院、体检异常、手术等记录，都会成为保险公司除外的原因，并且对于这些承保前就存在的情况，后续可能需要的其他治疗，保险公司是不予理赔的。

在团险的医疗告知中，对于一般既往症，基本都是不需要告知的，只有重大既往症，才需要告知，如恶性肿瘤、高血压、糖尿病、高血脂、心脏病、肝硬化等。

这其实更像一般人理解的保险，投保了，以后看病就医，拿着资料来就能赔。

给综合医疗险做一个总结：综合医疗险是一个弹性很强的产品，上限很高，可以扩展私立医院、开放自费药、没有免赔额、可报销齿科费用，下限也很低，可以低到保障的内容和补充医疗险差不多。

如果公司给你买了综合医疗险，最好看看具体的保障内容，这样的话，才能更清楚哪些情况可以得到赔付，或者更明白哪些情况不能赔付。

9.3　团体意外险

团体意外险其实很重要,它为被保险人意外导致的伤残、身故和相应的医疗提供保障。

同时,它通常也是补充医疗险的主险,也就是说,买了团体意外险才可以买补充医疗险。

在保障责任上,团体意外险通常保障这几个责任:意外身故、意外伤残、意外医疗。而这几个责任,可以对应不同的额度和理赔范围,我们在这里就看看这些责任具体是什么样子的。

(1) 产品性质

团体意外险是员工的福利。

它保障的群体是单位雇员的身体或者生命。它保障的对象是雇员,那么雇员在做任何事情的时候,只要不是除外的项目(比如说高风险运动、整容等),如果发生意外,就可以得到相应的赔付。它其实相当于雇员个人的意外险。

(2) 赔付的额度

在意外伤残这个责任的额度上,可以根据公司的需求,设置不同的额度,可以是20万元,也可以是200万元;也可以使部分员工的保障额度是50万元,部分员工的保障额度是 200 万元。

在保障额度部分，通常公司投保的额度都是不太够的，比如说员工 30 万元年收入，公司给买的额度可能也是 30 万元，在真的发生意外伤残风险的时候，这个额度能起到的作用比较小。

意外医疗这个责任的额度，也是可以根据需求自定义的，如果有附加补充医疗险的话，那么当地社保若不报销意外医疗，就可以把额度定高一点，这样可以得到更多的赔付；如果当地社保可以报销意外医疗，就可以把额度定低一点，这样社保、补充医疗险报销过后，可以再报销意外医疗部分。

（3）赔付范围

意外身故责任部分，无论被保险人是在国内还是在国外因为意外身故了，都可以得到赔付。如果被保险人是在国外意外身故那么需在国外留存相应的事故证明（因为很多国外发生的意外，国内难以去确认，所以需要境外的证明资料），回国提交资料并办理相应的手续后，就可以得到正常的赔付。

意外伤残的话，无论是发生在国内还是在国外都可以赔付，但是都有一个前提，就是在意外事故致残后，需要拿到保险公司认可的医疗机构或者司法鉴定机构出具的伤残程度鉴定书（残疾评定标准按照《人身保险伤残评定标准》），然后才可以申请理赔。

意外医疗责任部分通常都包括意外导致的门急诊 / 住院治疗，在用药方面，则有三种情况：最基础的是只能报销社保内用药；第二档的可以报销自费药；第三档的则可以去国际部 / 特需部 / 私立医院，并且也可以报销自费药。

（4）理赔要点

如果有附加的补充医疗险或者综合医疗险，那么理赔的时候一定要注意，是不是可以二次赔付。

以北京为例，社保不报销意外医疗，那么意外医疗的相关费用，就只能靠商保报销。

有的城市的社保可以报销意外医疗，如果公司还给被保险人购买了补充医疗险的话，报销时就可以先用补充医疗险报销，然后再看还有没有是团体意外险意外医疗责任可以报销的。

如果公司购买的是综合医疗险，那么也可以先用综合医疗险报销一次，然后综合医疗险不报销的部分（次限额/赔付比例以外的部分），可以再用团体意外险（意外医疗责任）报销一次。

这样的话，就可以做到报销额度的最大化。

（5）公司需要注意的内容

医疗保险是免税的，但是团体意外险不是免税的，所以如果公司是一般纳税人的话，在开发票的时候可以开增值税，计入"职工福利费"科目，可以按照职工提供服务的受益对象计入有关成本费用，但是不可以抵扣其产生的进项税额。

同时，这个保险作为用人单位给员工的福利，保费需要并入员工当期的工资收入，是需要扣除个人所得税的。

总结：团体意外险是给员工的福利，被保险人是员工本人，所以员工可以将其当成自己的意外险，只是缴费人变成了公司，而员工需要交个人所得税。

9.4 雇主责任险

随着工作强度的增加,现在工伤的新闻也越来越多。

站在员工的角度来看,为了公司操劳,虽然拿到了还不错的报酬,可是部分员工可能由于过度劳累透支了自己的健康,让自己生病的概率变高。

工伤/工亡如果发生,除了工伤保险赔付的部分,公司要赔的钱,能不能按时、足额地赔给自己,是员工会担心的事情。

站在公司的角度来看,一个实业公司,或者一个中小型的互联网公司,一年到手的净利润可能也不过是七位数,一旦员工发生工伤/工亡事故,公司想拿出这笔钱来,并没有那么容易。

可是承担员工的工伤赔偿,又是一个公司应尽的责任,那么,这个风险怎么才能低成本地转移出去?

雇主责任险,就是应对以上风险而生的一种保险,它可以转嫁雇主对员工的责任,也可以让员工更好地得到赔付,是工伤保险的有力补充。

下面,我就来介绍一下雇主责任险。

(1)产品性质

雇主责任险这种产品,是对工伤保险的补充,与其保障的内容相比,更多保障的是一种责任。

老板雇用了这个员工，员工在为老板工作期间，如果发生工伤、工亡等情况，老板是需要对这种情况承担责任的。

没人会希望员工出事，但万一意外发生，承担这个责任也是雇主的义务。

所以针对雇主的这个责任，就可以用雇主责任险来转移相应的风险，在意外发生后让老板能损失更小，让员工能更轻松地拿到赔偿。

（2）赔付的额度

一般的雇主责任险都是有定式方案的，在额度上也是固定的额度，身故/伤残额度在10万～120万元之间，如果说人数够多的话（百人以上），可以根据公司的要求，再去谈单独的方案。

在医疗方面，额度不定，通常是数万元。

伤残方面，也是根据伤残等级进行赔付，但是不同保险公司，对应的伤残等级赔付比例可能有所不同。假设都是2级伤残，有的保险公司可能赔基础保额的90%，有的保险公司可能赔基础保额的80%。

如果通过了工伤的评残，员工还可能获得生活护理费和一次性伤残就业补助金等保障。

生活护理费大概是每天几十元到一百元的标准，一次性伤残就业补助金只保到5～10级伤残，但不是每家保险公司都有。

（3）赔付的范围

1）工伤赔付

工伤的认定，是根据现行《工伤保险条例》里第3章工伤认定中的第十四、十五、十六条的情况，认定是不是工伤。

如果被认定为工伤/工亡，那么工伤保险会进行赔付，然后雇主责任险再根据自己的额度和确定的比例，进行二次赔付。

工伤的概念，通常指的是工作时猝死，工作时间、工作场所内因为工作原因受伤，职业病等情况。

举个例子，如果一个人工作时突发脑出血，48 小时内抢救无效死亡，那就算工伤，可以进行相应的工伤赔付。

如果 48 小时内抢救有效，人保住了，那么因为这个是疾病，而并不是职业病等工伤情况，就不会得到工伤保险、雇主责任险相应的赔付。

2）扩展 24 小时意外

雇主责任险通常都会扩展"7×24 小时"的意外保障。

也就是说，在工作时间之外，如果因为意外事故导致受伤，也可以得到相应的理赔。

举个例子。

很多人都知道，上下班期间发生交通意外，如果自己不是主责的话，是可以得到工伤赔付的。

但是，如果自己是主责的话，比如说自己骑电动车摔伤，撞车了被交警判定主责，那么就得不到工伤保险相关的赔偿。

如果扩展了"7×24 小时"意外保障的话，对于这种非工伤的意外事故，就都可以得到相应的赔付。

3）医疗

雇主责任险中的医疗包括两种，一种是工伤医疗，另一种是意外医疗。

像一些职业病，如果去就医的话，就可以在报销了医保部分以后，来申请雇主责任险的工伤医疗，作为二次报销。

意外医疗部分则是和普通的意外险自带的意外医疗险一样，可以报销意外导致的医疗费用。

有的产品规定，工伤医疗部分只能报销社保内费用，意外医疗部分可以附加一定自费药额度。

有的产品则是自费药也可以报销，只是要在限额以内。

所以理赔的时候一定要注意，能不能报销自费药。

4）误工津贴

员工如果因为工伤或者因为意外暂时丧失工作能力，在这期间，则可以申请误工津贴。

这个理赔一般需要提供员工的工资列表，以及误工相关的证明，包括住院资料、打卡记录等。

误工津贴通常是每月几千元，根据公司投保的不同，每个月的封顶金额也不同。

具体的赔付额度，是在员工过去 12 个月的平均工资和投保的误工津贴之间，选其小。

5）一次性伤残就业补助金

在工伤以后，根据工伤评残，不同的评残等级，可以得到不同的伤残津贴。

雇主责任险的条款中也写到了，根据不同的伤残情况，给予相应的伤残理赔金。

在这两项赔偿之外，根据 5～10 级伤残，有的保险公司还有额外的一次性伤残就业补助金。

其中，10 级伤残给 2.5 万元，9 级伤残给 5 万元，以此类推，5 级伤残给 15 万元。

因为在工伤保险里，1～4 级伤残给的津贴比较多，所以保险公司针对 5～10 级伤残，做了一定的补足。

（4）理赔要点

雇主责任险作为一种责任险，其实保的是雇主对员工的责任。

所以，理赔的申请主体也是雇主。雇主申请了理赔以后，理赔金交给雇主，然后雇主再交给员工。

当然，意外医疗、意外伤残中扩展的"7×24 小时"保障内容，是可以由员工本人申请的，因为这些责任的被保险人是员工本人。

雇主责任险可以以雇主责任险和团体意外险双重产品的身份来保障。既能保障雇主，让老板不用担心员工发生意外后的赔款，也能保障员工，使其某些不属于工伤的意外事故也可以得到报销。

第10章

经典理赔案例

对于保险，大家最关心的就是理赔，担心真的需要理赔的时候到底能不能得到相应的赔偿金。

保险公司靠谱吗？买保险到底要看什么？

这些问题在前面，我们已经有了相应的解答。可是在实际的理赔中，保险公司到底会不会按照条款办事，我们会不会被无理由地拒赔？

俗话说空口无凭，那么在这里，就引用几例实际的法院判决案例，看看保险公司在理赔中到底是怎样做的。

10.1 保险公司正常拒赔，流程不当最终理赔

先捋一下案例的时间线。

2014 年 1 月 29 日，姚某体检正常。

2014 年 9 月 6 日，姚某体检有 BI-RADS3 级乳腺增生。

2014 年 12 月 10 日，姚某入职保险公司，成为一名保险代理人。

入职后，姚某为自己和家人投保了多份保险，但是对于自己的保险，在"乳腺"相关的告知里，都选择了否。

2014 年 12 月 30 日、2015 年 2 月 10 日，姚某投保 2 份重大疾病保险。

2015 年 3 月 29 日，姚某投保一份医疗保险。

2015 年 4 月 16 日、17 日，姚某为丈夫和孩子投保了某重大疾病保险，自

己作为附加险的被保险人，后姚某撤销了该附加险。

2015年5月2日，姚某投保某终身寿险（分红型），保额200万元。

2015年7月31日，姚某丈夫投保了某重大疾病保险。

2015年9月26日，姚某化名"周××"在南京××医院就诊，根据影像检查报告单等提示考虑双侧卵巢癌伴肝脏、腹膜后淋巴结、胸腰椎、骨盆构成骨广泛转移可能。

2015年10月24日，姚某在××医院治疗，病史记录"患者2个月前发现右侧乳腺癌"，姚某因乳腺恶性肿瘤全身广泛转移死亡。

以上是保险公司查出的事情全过程，从已知的事实来看，是一起很明显的不如实告知案件。

这里简单介绍一下如实告知：

在我们投保的时候，保险公司会在投保单上对我们的健康状况进行询问，然后我们根据问询的项目，将已知的健康状况告知保险公司，然后保险公司来审核这个人的健康状况能不能承保（一般乳腺增生3级的话，重疾险会对乳腺相关疾病除外，但是很多公司对身故是不除外的）。

《中华人民共和国保险法》里也对投保人的如实告知义务进行了规定，如果因投保人没有履行如实告知义务，足以影响核保决定的，保险公司有权解除合同。

在这个案件里，投保人没有如实告知的项目，足以影响到保险公司的核保。保险公司根据自身的核保政策给予了拒赔的处理，是合情合理的。

姚某的先生许某不接受拒赔处理，于是向法院提起上诉。

一审法院认定事实为投保人未如实告知，没有履行自己的义务。

保险公司对乳腺增生3级的核保意见一般是延期6个月，并且需要提供复查报告。

所以这属于会影响保险公司核保的症状。保险公司有权拒赔，并不退还保费。（如果自己或者身边的人，有过不如实告知的重点看看这一句，保险公司有权拒赔，并且保费也不退。）

一审驳回了许某的诉讼请求，案件受理费 22800 元，也由许某承担。

至此，都还是正常的流程，不如实告知→拒赔→上诉被拒，但是保险公司最后却因流程不当而理赔。

许某不服一审判决，提起第二次诉讼。

二审的时候，争论焦点仍然在于这一张保单能不能赔。

这里我们看一下理赔的时间线。

2015 年 12 月 1 日，许某提出理赔申请。

2015 年 12 月 25 日，保险公司得知姚某化名就诊的事情。

2016 年 1 月，保险公司得知姚某 2014 年的体检和就诊事实。

2016 年 1 月 20 日，保险公司提出拒赔。

但是，保险公司的拒赔通知书在同年 3 月才送到许某手里，并且在拒赔函中，没有提出解除合同！

刚刚我们提到了《中华人民共和国保险法》第十六条的一部分，就是若"投保人不如实告知，保险公司有解除合同的权力"。

但是，《中华人民共和国保险法》对于保险公司解除合同的权力进行了限制，第十六条同时规定"前款规定的合同解除权，自保险人知道有解除事由之日起，超过三十日不行使而消灭"。

在一审和二审的时候，很明显已经过了 1 个月的解除期限。

所以根据这一条，二审判决保险公司应该依法承担赔付义务，并且一审、二审的受理费，均由保险公司承担。

二审也是我国司法体制的终审判决。

保险公司不能再提起上诉，并且如果在终审判决 15 天内没有赔付相应费用，需要加倍赔付延迟期间的债务利息。

正常情况下能明确拒赔的保单，因为保险公司流程上一个小的失误，最终被判理赔。

这个案例也是对读者朋友们的一个告诫：在面对和保险公司的纠纷的时候，要记得《中华人民共和国保险法》第三十条。

《中华人民共和国保险法》第三十条：

采用保险人提供的格式条款订立的保险合同，保险人与投保人、被保险人或者受益人对合同条款有争议的，应当按照通常理解予以解释。对合同条款有两种以上解释的，人民法院或者仲裁机构应当作出有利于被保险人和受益人的解释。

像我国这样，把倾向于被保险人和受益人明确写在《中华人民共和国保险法》里的，是较为少见的。

10.2 带病投保，保险公司最终获得支持

在现实中，有很多带病投保的情况，他们或主动，或被动，由各种原因最后导致了带病投保的事实，那么，这种情况到底能不能获赔，其中的原因是什么，我在这里就通过一个带病投保的判决，来聊一聊这个事情。

首先说一说这个案例的时间线。

2011年7月28日和2012年6月28日，林甲向某保险公司投保购买了某重大疾病保险。

2014年10月10日，林甲因病医治无效身故。

从这个时间看来，林甲一共有两张保单，并且身故之时，保单均已生效超过两年。按照目前了解到的信息，应该是能获得理赔的，但是保险公司拒赔了。

拒赔的原因，是保险公司在理赔调查中，发现林甲在2010年，也就是第一份保单投保之前，就已经罹患乙状结肠癌。

这种情况能不能赔，不能赔的话是为什么不能赔？这里我都会讲清楚，这样如果大家碰到了没有告知或者忘记告知的情况，也知道自己会面临什么问题，以及该如何处理。

在保险公司看来，林甲的行为对保险的生效有以下影响：

1）如果投保前告知患癌史，保险公司不会承保；

2）查出来患癌未如实告知，属于重大不如实告知，是完全可以影响保险公司核保的情况；

3）林甲故意不如实告知，有违诚信原则，合同的成立源自于"欺诈"，所以合同不应成立。

在一审的时候，一审法院判决保险公司胜诉，原告林乙（林甲家属）提起上诉，上诉理由为三点：

1）原审根据的是《中华人民共和国合同法》，这里应该适用《中华人民共和国保险法》中的两年不可抗辩条款；

2）原审认为林甲隐瞒患病情况，但是原告认为保险公司没有以足以引起投保人注意的明显标志做出提示，并且被保险人不是因为乙状结肠癌申请理赔，而是因为其他疾病身故，保险公司应该承担责任；

3）原审判决侵害了弱势群体的利益。

虽然提起了这三个上诉理由，但是二审仍旧是维持了原判。

这里，我们来讲一讲为什么这三条没有被认可。

（1）适用两年不可抗辩

这里我们先拿《中华人民共和国保险法》原文看一下。

第十六条　订立保险合同，保险人就保险标的或者被保险人的有关情况提出询问的，投保人应当如实告知。

投保人故意或者因重大过失未履行前款规定的如实告知义务，足以影响保险人决定是否同意承保或者提高保险费率的，保险人有权解除合同。

前款规定的合同解除权，自保险人知道有解除事由之日起，超过三十日不行使而消灭。自合同成立之日起超过二年的，保险人不得解除合同；发生保险事故的，保险人应当承担赔偿或者给付保险金的责任。

投保人故意不履行如实告知义务的，保险人对于合同解除前发生的保险事故，不承担赔偿或者给付保险金的责任，并不退还保险费。

投保人因重大过失未履行如实告知义务，对保险事故的发生有严重影响的，保险人对于合同解除前发生的保险事故，不承担赔偿或者给付保险金的责任，但应当退还保险费。

保险人在合同订立时已经知道投保人未如实告知的情况的，保险人不得解除合同；发生保险事故的，保险人应当承担赔偿或者给付保险金的责任。

保险事故是指保险合同约定的保险责任范围内的事故。

从这一个法律条文来看，合同成立超过两年的，保险人不得解除合同。但是《中华人民共和国保险法》也说了，"故意不履行如实告知义务的"，保险人不承担相应责任，并且这个"故意不履行如实告知义务"的行为，构成欺诈行为，所以按照合同法，保险人有权撤销该合同。

其实两年不可抗辩条款，针对的是那些比较小、容易被人疏忽的健康上的小毛病，有可能会被投保人遗忘，而造成没有如实告知的事实，但是癌症明显不是很容易被忽略的小毛病，而且在投保单上都会明确问到有没有得过癌症，所以两年不可抗辩条款明显在这种情况下是不适用的。

在投保的时候，每一个保险产品会有对应的保险条款，条款是一个格式条款，对于保险公司承担的保障责任、保险公司不保障的内容都有一个明确的讲解，这个给每个人的都是一样的。

如果说我们接受这个产品的内容，那么就可以投保，在投保的时候，保险公司会给我们一个投保单，在投保单上会对我们的健康状况、财务状况做一个详细的问询。在所有的健康问询里，都会提到有没有患过癌症、"三高"等，我们要根据这些问询，基于诚信原则给出答案。

在投保的时候，保险公司不会去核查具体的健康状况，因为每个人的健康状况都要核查的话，这会是一个很大的工作量。但是随着大数据的发展，未来有可能会改进这一点。

现在的一般情况是在投保后两年内或者理赔的时候，保险公司可能会去调查这个人有没有尽到如实告知的义务。

如果如实告知了，那就会正常理赔；如果没有，就要看情况是"故意不履行如实告知义务"，还是"因重大过失未履行，对核保有很大的影响"，或者是"因过失未履行如实告知，但是该项目对核保不会产生太大的影响"。

其中，第三种未如实告知的情况可能不会影响到理赔，第二种要看具体的情况和承保的年限，第一种就会比较危险了，如果出险得到理赔的概率极低。

（2）非因乙状结肠癌身故

关于这一点，林乙并未能提供有效的证据来证明这一点属实，所以未被法院采纳。

在起诉保险公司时，对自己提出的内容一定要提供相关的证据，没有证据的就不会被采纳。

就像我们做健康告知的时候，也要写清楚时间、地点、就医状况，并提供相应的资料，这样保险公司才会更认可。

（3）原审判决侵害了弱势群体的权益

关于这一条，在原告眼里，自己是弱势群体，虽然被保险人得了癌症，但是他去找保险公司投保了，那保险公司作为一个大机构，应该照顾他这个弱势群体。

这里要说的是，保险公司的赔付款从根本上来说都是来自每一个客户交的保费。如果保险公司要照顾不符合理赔条款的人的话，那么每一个客户就都要多交钱，这样才能在原有理赔率的情况下，再匀出去一点照顾别人。

你愿意多交一些保费，去"照顾"别人吗？

10.3　近因不明，原来可以这么赔

相信很多朋友都知道，保险行业是讲究近因原则的，造成损失最直接、最有效的原因，才算是近因。但是很多时候，事情的发生伴随着多种不同的因素，那么，在近因不明的情况下，法院是怎么判决的呢？

这里，我们同样找一个案例来聊一聊。

先捋一捋该案例的时间线。

李甲 2013 年 7 月 3 日投保了某两全保险，保险费 50 万元，保险期间为 2013 年 7 月 4 日至 2032 年 7 月 4 日。保障责任有：疾病身故，赔付账户价值的 110%；意外身故，赔付账户价值的 200%。

2013 年 12 月 26 日，李甲与刘某产生冲突进而厮打，后李甲身故。

2013 年 12 月 29 日，警方出具尸检报告，排除李甲为暴力打击及机械性窒息死亡。

2014 年 1 月 27 日，尸检鉴定，李甲具有冠状动脉粥样硬化 4 级、冠心病、陈旧性心肌梗死、高原性心脏病等相关病理改变，分析符合心脏病发作死亡。

2014 年 9 月 22 日，保险公司按照疾病身故做出理赔决定。

在案发当时，保单的账户价值为 511834.09 元，根据保障责任，如果是疾

病身故的话，只能赔110%的账户价值，而意外身故，则可以赔偿200%的账户价值，二者相差50多万元。

5位受益人提起诉讼，要求保险公司按照意外身故赔偿。

他们起诉的诉求有如下两条：

1）被保险人属于意外死亡，应赔偿账户价值的200%；

2）现金价值应该额外予以返还。

在这里，我们先说一下第二条，我们有讲过，现金价值是我们退保的时候能拿到的钱，那么在这种情况下，如果退保，现金价值是应该返还的。但是，如果保单理赔了，合同就终止，自然也就不存在退保退现价的情况了，所以第二条很明显是不可能被支持了。

第一条这里，也是本案的重点，那就是李甲到底属于疾病身故还是意外身故。

当时的案发情况是李甲与人厮打，在李甲有多项基础病的情况下，由外伤及情绪激动等因素导致心脏病发作死亡。

也就是说，李甲的外伤，如果是没有基础病的情况下，是不会导致死亡的。警方的尸检报告也认为李甲排除暴力打击及机械性窒息死亡，认定为疾病身故。

但是，李甲虽然有基础病，但如果不是因为厮打而遭受到外伤，导致情绪激动，那么也不会心脏病发作死亡。

在这种情况下，有两条法文有可能适用这种情况。

第一条法文是《中华人民共和国保险法》第三十条。

第三十条　采用保险人提供的格式条款订立的保险合同，保险人与投保人、被保险人或者受益人对合同条款有争议的，应当按照通常理解予以解释。对合同条款有两种以上解释的，人民法院或者仲裁机构应当作出有利于被保险人和受益人的解释。

那么在法院的判决中，是不是也应该做出对被保险人和受益人有利的解释，判定为意外身故呢？

这一条针对的是保险条款不清楚的情况，就是保险条款不够精准，可以有多种解释的，选择对被保险人和受益人有利的解释。本案例中是死亡方式的认定有多种解释，不能单纯认定为其中的一种，很明显这个法条是不适用的。

在这里，应该看看《关于适用于〈中华人民共和国保险法〉若干问题的解释（三）》的第二十五条。

第二十五条　被保险人的损失系由承保事故或者非承保事故、免责事由造成难以确定，当事人请求保险人给付保险金的，人民法院可以按照相应比例予以支持。

也就是说，对于近因不能100%明确的，人民法院可以按照相应比例予以支持。

因为被保险人的死亡是由自身疾病及外伤共同导致的，如果说是意外身故，但是其自身疾病的原因不可忽视，如果说是疾病身故，其意外外伤也是主要的导火索之一。所以一审和二审的法院按照比例原则，判决由保险公司承担账户价值150%的保险金赔偿责任。

最终受益人获赔767751.14元。

从这个案件中可以看出来，一个事情的发生，原因是多方面的，可能难以100%断定这个事情的近因到底是什么。在这种情况下，各方肯定会选择对自己有利的说法，难以达成和解。

这时候就可以依法诉至法院，法院会酌情根据事故原因的比例或程度，来给出一个保险金赔偿比例。

10.4　保险公司赔了钱，为什么还可以得到再赔一次

工作中，经常能看到有老板给员工买意外险，但是如果给员工买意外险，却有一个很大的隐患，在这里，我就借一个法院判例来讲一讲这个隐患。

先梳理一下该案件的时间线。

2011 年 11 月：公司雇用了 6 名船员。

2012 年 7 月 8 日：公司为船员 A 投保 60 万元保额的人身意外险。

2012 年 8 月 22 日：公司为 48 位船员投保团体意外险。

2013 年 8 月 5 日：船侧翻。

2014 年 1 月 16 日：船员 A 被宣告死亡。

2014 年 12 月 10 日：保险公司赔偿 60 万元身故赔偿金。

2015 年 3 月 16 日：船员 A 认定为工伤。

从这个时间线可以看到，这个老板给员工买了团体意外保险作为工作的保障。在员工出事了以后，根据合同保障内容，保险公司也给到了对应的保险赔偿。有的人看到这里，可能会觉得拿到赔款，这个事情就这么结束了，但是这才刚刚开始。

船员 A 家属申请了工伤认定。

紧接着，家属诉至法院，要求公司支付拖欠船员 A 的工资及奖金，以及丧葬补偿金、供养亲属抚恤金、一次性工亡补助金等工伤保障。

公司方面认为，在工作时，曾经和船员 A 签订过协议，约定如在聘用期内因工伤亡，按相关意外保险条款执行。

这里就涉及两个问题：

1）这个签订的协议有没有效？

2）意外险的赔偿，能不能代替公司应给的工伤赔偿？

关于这两点，法院的观点很明确，这两项都不可以。

法院观点：

1）为职工交工伤保险是公司的法定义务，不能通过任何其他形式予以免除或变相免除。

2）老板为员工购买的意外险或团体意外伤害保险，属于人身保险。亲属作为人身保险的受益人，从保险公司获得的赔偿，不能减少雇主对雇员应承担的赔偿责任。

也就是说，之前的协议不能使公司用意外险代替工伤保障合法化。其次，即使意外险赔付过了，公司仍然要进行相应的工伤补偿。

最终，法院判决公司需要对雇员在从事雇佣活动中遭受的人身损害进行工伤赔偿。

这个案子的重点在于团体意外险能不能替代雇主对员工的责任，法院的判决很明显地告诉我们：不能。

在团体险方面，我们发现，很多公司更倾向于投保团体意外险。

团体意外险保障的是什么？

这里的意外就是指外来的、非本意的、非疾病的、突发的事故导致的人身损伤。

比如说猝死算不算意外？不算，因为猝死其实是潜在的疾病导致的。

主动去擦玻璃从窗户上掉下来摔伤了算不算意外呢？算，因为擦玻璃虽然是主动，但是不小心掉下来属于本来可以规避但是疏忽导致的意外，所以属于意外责任。

那么,知道了意外的含义,我们也就大概明白了意外险是保什么的:它保的是人身意外伤害。

人身意外伤害和工伤责任有很多的重叠责任,毕竟工伤的主要赔偿就包含了因工意外致残和因工意外致死,而这两项,都在意外险的保障范围之内,所以很多企业主就因为这个原因(当然,团体意外险价格低也是一个原因),选择给员工投团体意外险,放弃了工伤保险和雇主责任险。

通过前文我们知道,团体意外险的理赔金是给员工本人的,那可能有的人会想了,既然这样,老板能不能把意外险的受益人指定为公司或者老板本人呢?

答案当然是不行的。

首先,受益人这个概念分为两个状态,一个是意外伤残的受益人,另一个是意外身故的受益人。

意外伤残的受益人这部分,需要明确知道的一点是,人身保险保障的内容里,只要不是身故责任,比如意外身故、疾病身故这些,其他的诸如重疾、轻症、意外医疗、意外伤残等,这些情况的受益人都是被保险人本人。所以,在意外伤残这里,企业是无法更改这一项的受益人的。

第二点,身故责任的受益人可以进行指定,但是在《中华人民共和国保险法》第三十九条也写明了,投保人为与其有劳动关系的劳动者投保人身保险,不得指定被保险人及其近亲属以外的人为受益人。也就是说,在身故责任这里,雇主同样没有资格取得员工的保险金。

并且,保险理赔金作为员工个人人身保险的赔偿,同样不能用于降低公司对员工应尽的责任。

那么也就是说,如果说公司给我们买了团体意外险后,有人不幸出险了,是可以先找保险公司理赔,再找公司申请工伤补偿的。

第11章

这些保险术语，你需要了解一下

第 11 章　这些保险术语，你需要了解一下

在保险的咨询中，经常有朋友对某些词汇不太明白。相信阅读本书的很多朋友也会在日常生活中碰到类似的问题，所以在这里，对保险行业常见的一些词汇，我将按照我的理解做一个通俗的讲解，希望可以帮到你们。

保额：保障的额度，也就是出险后可以获得的金额／金额上限。

保费：交给保险公司的钱。

趸交：一次性缴费。

年交：按年度缴费。

提前给付：通常出现在寿险和重疾险中，就是说如果重大疾病赔付了，寿险对应的保额就是提前给付了，寿险要扣除掉对应的保额。比如寿险保额 51 万元，重疾险保额 50 万元，重疾赔付了 50 万元，寿险保额就要扣掉 50 万元，还剩下 1 万元。

额外赔付：通常指轻症和中症，如果说该项保险责任的赔付条件，不扣除主要责任（比如寿险和重疾险）的额度，就是额外赔付，额外赔付不占用主要责任的保额。

保险人：保险公司。

投保人：交保费的人，和保险公司建立保险合同的人。

被保险人：享有这一份保险保障的人，投保人和被保险人可以不是同一个人。

受益人：可以得到保险金的人，重疾险、医疗险、意外伤残险的受益人

为被保险人本人，寿险责任的受益人可以指定。

保险标的：保险的对象，比如寿险的保险标的就是被保险人的寿命。

生效日：保险合同开始生效的日期，如有因生日而追溯生效日的情况下，生效日不等于合同有效日。

缴费日：每年缴费的日期。

保全：保险合同可以做后续变更，这个叫作保全。

犹豫期：保险生效后，拿到了保险合同需要签署保单回执，从签收回执当日/次日开始计算，10/15/20 天内为犹豫期，可以无损退保，最多损失 10 元钱的工本费。犹豫期后退保只退现金价值。

等待期：从保险生效日算起，如果有追溯的话，从订立合同日算起，后面 30/90/180/365 天内为等待期，等待期内不承担非意外保险责任，只承担意外导致的保险责任。

间隔期：有的产品有多次赔付的保障，在第一次理赔后，经过合同约定的间隔期 180/365 天后，初次确诊，就可以申请二次赔付。

宽限期：从每年的缴费日起，保险公司会开始从银行划扣保费，60 天内划账成功即可，60 天为缴费宽限期。

加费承保：因为健康状况告知情况，增加了核保的评点，需要根据评点来增加保费承保。

除外承保：对于某种疾病及相关并发症，是不保障的。

延期：因为健康状况没有查明原因，不知道为什么会这样，所以延期到这个情况消失或者明确原因才可以承保。

拒保：因为健康状况不符合核保要求，所以保险公司不能接受投保申请。

短期：通常指一年期，或者一年以下的保障期。

定期：通常指一年以上，不到终身的保障期。

终身：通常指保障到终身，有的保险公司显示为 105 岁。

重大疾病：符合银保监会要求的重大疾病保险，主要保障内容为重大疾病、轻症、中症、寿险。

寿险：以人的寿命为保险标的的保险产品。

医疗保险：报销医疗必需就医费用的一种保险。

意外保险：外来的、突发的、非疾病的、非本意的，或者本来可以避免但因疏忽导致的情况，属于意外保险的保障范畴。

猝死：平时看起来健康的人，突发疾病，在 6 小时内死亡。

保证续保：保证条款、保证费率、保证可以续保，只有同时保证这三样的，才是完全的保证续保。不然的话，费率每年大幅提升，或者修改条款，都不算是真正的保证续保。

给付型：达成理赔条件后，可以直接根据对应的保额拿到保险金。

赔付型：在发生了相关的费用后，扣除掉其他平台已经报销的部分，剩下的部分可以根据条款规定来报销，赔付的费用不会超过自己花的钱。